U0506108

The Unique World

方
寸

方寸之间 别有天地

晓　瑶

———

译

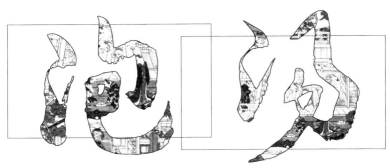

温泉与日本的
一千年

〔日〕石川理夫

———

著

温泉の日本史

記紀の古湯、武将の隠し湯
温泉番付

社会科学文献出版社
SOCIAL SCIENCES ACADEMIC PRESS (CHINA)

序

位于环太平洋火山带上的日本列岛，在面临火山活动及地震侵扰的同时，拥有得天独厚的温泉资源。从温泉地的数量、泉源的总数和总喷涌量，都能看出日本温泉资源非常丰富。日本至今都以"世界第一温泉大国"为傲。为了给当地居民与国民提供疗养与保健，开拓旅游资源及提升就业人数，这样的大国没有草率对待自然的恩赐，而是将温泉资源善加利用，这点真令人高兴。

可以说，在日本没有人讨厌温泉，只要说起温泉，交流便顺畅无阻。大街小巷都可以找到以温泉为主题的书以及关于温泉的信息，但是尚未出现通过解读有明确出处的史料来系统考察日本与温泉的悠久渊源，以及温泉浴历史的通史类书籍。

由医学和自然科学来分析温泉的研究已层出不穷。虽然在一些地方史研究中偶尔可以看到个别题目与温泉相关，但是即便在历史类的综合性研究中，关于温泉（以及温泉地）的历史文化这一主题也是被忽视的。为我们补充这部分资料的是二战前的温泉医学研究者，其中的代表是西川义方和藤浪刚一。前者在《日本温泉略史》（收录于《温泉言志》[1943 年]）以及《温泉须知》（1937年）等文章中介绍了人类泡温泉的历史及文化；后者在《温泉知识》（1938 年）中论述了日本温泉学的发展，又从泡汤文化史的观点出发撰写了《东西沐浴史话》（1944 年）。

近年，在旅游地理学领域考察温泉地历史的山村顺次牵头编写了论文集《温泉地研究论文集》（2005 年），八岩麻都香在研究了日本人与温泉的渊源后写了一本大众类读物《温泉与日本人》（1993 年）。研究温泉的论文呈现增多的趋势。平成十五年（2003），日本温泉地域学会成立，旨在从人文、地理、历史等领域来研究温泉与温泉地。笔者也参加了一些跨学科的学会。另外，在各地的一些历史研究会和日本温泉文化研究会上也发表过关于温泉地历史和温泉文化史的论文。总而言之，这个领域的未来可期。

我们醉心于温泉与温泉地，在其中治愈身心。这些地表涌出的温暖源泉，个性多样、风格独特，是大自然给予我们的恩赐。同时，涌出温泉的那片土地上的街景、传统建筑的姿态和它们烘托出的氛围，让我们体味到了深深的安心感以及有别于日常的释放感。这可以说是温泉地的人们经年累月打造出的地域资产，富含历史文化底蕴，是日积月累而来的珍贵成果。和日本其他地方相比，那些有来历的温泉地，时至今日仍如古都或古寺一样，散发着它们固有的历史文化气息。

详细解读日本温泉的历史，将其深意与魅力进一步传达给想了解它的读者，便是写作本书的目的。

在日本的温泉史中，尤其是当我们要解读它的古老历史时，有几个问题尚待回答。首先，我们还很难说清日本人到底是从什么时候开始泡温泉的。与挖掘出了公元前泡温泉的证物的欧洲相比，日本缺乏这方面的证据，不知是不是日本酸性土壤偏多、建筑以木质结构为主而难以留下遗迹的缘故。因此，关于这段前史，现行研究停留在仅能陈述其概要及要点的阶段。

其次，关于温泉地始于何时，"开汤[1]一千几百年"的传说众多，我们需要谨慎对待。这里面有好些不是古代的说法，而是基于中世[2]时期编造的"温泉起源"（或"温泉寺起源"）流传起来的。

1　汤，日语中温泉之意。——本书注释如无特殊说明，皆为译者注。

2　日本史通常划分为古代、中世、近世、近代、现代 5 个时期。古代为镰仓幕府建立之前，中世为镰仓时代至安土桃山时代，近世为江户时代，近代为幕末明治维新至 1945 年，1945 年至今为现代。

这时，不要因为它是传说就弃而不用，而是一方面要将重点放在尝试从其他史料中获得佐证，一方面从"开汤传说"或"温泉起源说"诞生的背景与温泉文化史的视角出发进行考证。不然，就无法汲取人们寄托在温泉上的虔诚心念，无法领会源于温泉地久远历史的特色。

依据起源于《古事记》《日本书纪》时代的文献史料，追随时代前进的脚步，本书力求平易、正确地讲述温泉历史上成为重要节点的事件始末。虽然刚才说这本书是通史，但是我希望读者朋友们可以挑自己感兴趣的部分阅读，或者随性翻阅，因此，我在小标题中设定了小主题及一些切入点。

温泉的有趣之处并不仅限于历史事件的层层堆积。由温泉与人的相遇、对温泉的敬畏与感恩之情诞生出温泉信仰，而温泉信仰又包含在固有的温泉文化之内。温泉的有趣之处应该是温泉历史与温泉文化的融合。本书重视温泉文化与温泉地特性，以这样的视角来反映温泉的日本史，也希望它可以为日本温泉今后的发展起到一些启示作用。

表序-1　温泉的泉质与特征

新泉质名	旧泉质名	定义	特征
① 单纯温泉（指 ph8.5 以上的碱性单纯温泉）	1. 单纯温泉（碱性单纯温泉）	溶存物质（以下皆指除去气体性物质）不足 1000mg/kg，泉温超过 25℃	泉水几乎无色透明，无味无臭。对皮肤好，可以饮用。与食盐泉并列日本最多的泉质
② 二氧化碳泉	2. 单纯碳酸泉	特殊成分游离二氧化碳（CO_2）含量超过 1000mg/kg	易溶于温热或凉的泉水中。入浴之后身上会起气泡。可以促进血液循环至神经末梢，降低血压
③ 碳酸氢盐泉	3. 重碳酸土类泉 4. 重槽泉	溶存物质在 1000mg/kg 以上，阴离子主要来自碳酸氢根离子（HCO_3^-）。阳离子的主要成分有两种	重碳酸土类泉的浴槽易呈黄褐色。重槽泉透明，或易呈淡黄色，对皮肤有清洁、美容效果
④ 氯化物泉	5. 食盐泉	溶存物质在 1000mg/kg 以上，阴离子主要来自氯离子（Cl^-）	温度高，保温效果好，被称作"热汤"。杀菌效果好
⑤ 含碘泉		特殊成分碘化物含量超过 10mg/kg	浴槽易呈淡褐色。有杀菌效果
⑥ 硫酸盐泉	6. 芒硝泉 7. 石膏泉 8. 正苦味泉	溶存物质在 1000mg/kg 以上，阴离子主要来自硫酸根离子（SO_4^-）。阳离子的主要成分有三种	几乎无色透明。石膏泉对刀伤以及打伤有镇静效果，被称作"伤汤"。正苦味泉有苦味，饮用后可改善便秘

续表

新泉质名	旧泉质名	定义	特征
⑦含铁泉	9.碳酸铁泉 10.绿矾泉	二价铁离子和三价铁离子的总量在 20mg/kg 以上	浴槽中的铁元素遇到空气之后易呈茶褐色
⑧硫黄泉	11.硫黄泉 12.硫化氢泉	硫黄总含量超过 2mg/kg。硫元素主要存在于硫化氢（H_2S）的泉水叫硫化氢泉	浴槽易呈青浊色。白色的"汤之华"是硫黄析出物。含硫化氢的话，就会散发出剥了壳的鸡蛋的味道
⑨酸性泉	13.酸性泉	氢离子含量超过 1mg/kg。pH 值在 3~5 的泉水称为弱酸性泉	有酸味与杀菌力，对皮肤刺激性强。酸性硫黄泉易呈现出浊白色
⑩放射性物质泉	14.放射性物质泉	含 100 亿分之 30 居里 =111 贝克（8.25 马谢单位）以上的氡	无色透明，无味。俗称镭（radium）泉。入浴或吸入会有镇痛效果

　　本书中，史料出处与资料名称将尽可能以括注的形式标注于正文之中。其余的参考文献以"章"为单位，列于全书末尾。引用的文章及词语加双引号，古文基本按意译原则翻译成了现代文。

　　另外，说到温泉史，基本上针对的是温泉资源，所以当叙述与历史有关的温泉地及事件时，如有需要我会标明温泉的泉质及特征。请参见上一页的"温泉的泉质与特征"（表序 -1）。关于泉质的表述，正文基本使用耳熟能详的旧名，如食盐泉、碳酸氢钠泉、碳酸泉等，必要时会在初次出现时用括号标出新名，以便了解其化学组成。另外，关于本书中介绍的主要温泉地，会在地图"江户时代前出现的温泉地"中标出。

目　录

筑前	福冈	阿波	德岛	近江	滋贺
筑后		土佐	高知	山城	京都
丰前	大分	伊予	爱媛	丹后	
丰后		赞岐	香川	丹波	
日向	宫崎	备前		但马	兵库
大隅	鹿儿岛	美作	冈山	播磨	
萨摩		备中		淡路	
肥后	熊本	备后	广岛	摄津	
肥前	佐贺	安艺		和泉	大阪
壹岐	长崎	周防	山口	河内	
对马		长门		大和	奈良
		石见		伊贺	
		出云	岛根	伊势	三重
		隐岐		志摩	
		伯耆	鸟取	纪伊	和歌山
		因幡			

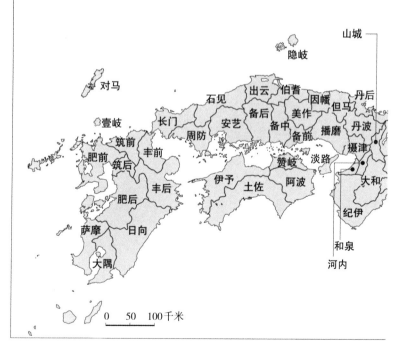

0　50　100千米

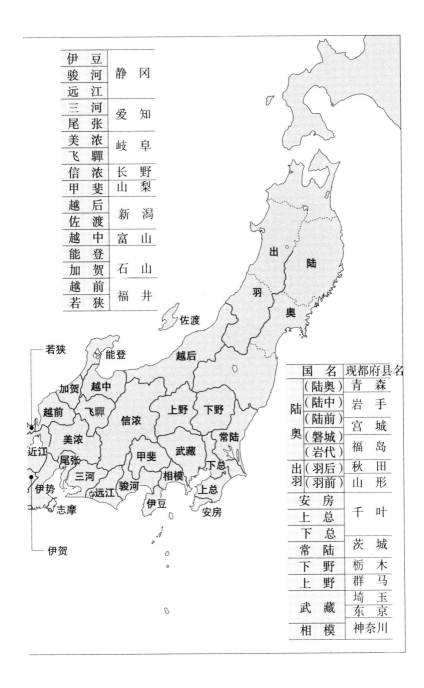

国　名		现都府县名
陆奥	（陆奥）	青　森
	（陆中）	岩　手
	（陆前）	宫　城
	（磐城）	福　岛
	（岩代）	
出羽	（羽后）	秋　田
	（羽前）	山　形
安　房		千　叶
上　总		
下　总		茨　城
常　陆		
下　野		栃　木
上　野		群　马
武　藏		埼　玉
		东　京
相　模		神奈川

	伊豆	静　冈
	骏河	
	远江	
	三河	爱　知
	尾张	
	美浓	岐　阜
	飞驒	
	信浓	长　野
	甲斐	山　梨
	越后	新　潟
	佐渡	
	越中	富　山
	能登	石　山
	加贺	
	越前	福　井
	若狭	

江户时代前出现的温泉地

① 恐山
② 鸣子温泉乡
③ 秋保
④ 肘折
⑤ 汤田川
⑥ 藏王
⑦ 上山
⑧ 岳
⑨ 东山（天宁寺）
⑩ 磐城汤本
⑪ 那须汤本
⑫ 盐原温泉乡
⑬ 伊香保
⑭ 四万
⑮ 草津
⑯ 万座
⑰ 箱根（汤本・芦之汤・底仓・堂岛・木贺・姥子）
⑱ 汤河原
⑲ 伊豆山
⑳ 热海
㉑ 古奈
㉒ 修善寺
㉓ 野泽
㉔ 汤田中涩温泉乡
㉕ 别所

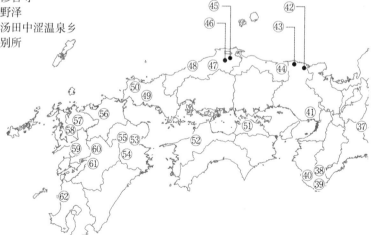

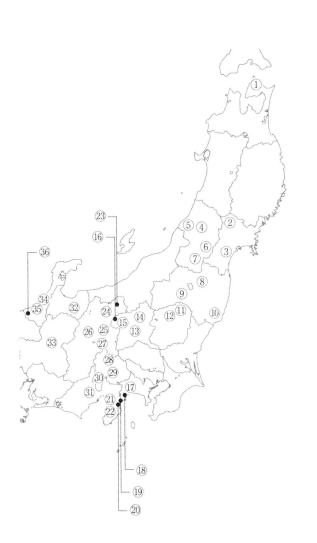

第一章 『日本三大古汤』的出场：

飞鸟、奈良时代之前

·

1　温泉与日本人的相遇

与温泉相遇的可能性

要想弄清楚日本列岛上的住民是从什么时候开始泡温泉的，就需要掌握确切的前史，然而若无考古学上的切实物证，这一步就很难做到。但是，我们或许可以推测人类是在漫长的绳文时代开始享受温泉的恩惠的。

温泉涌上地表需要集齐三要素：热源、地下水，以及通往地表的渠道。火山列岛有无数断层，且作为地下水源头的雨雪年降水量十分充足，所以说日本的条件得天独厚。更何况是火山温泉，有很多特色鲜明、多姿多彩的温泉，还有42摄氏度以上的高温温泉。日本充沛的温泉资源是我们进行上述推测的前提。在绳文时代，人们通过狩猎采集活动和物物交换扩大了生活行动范围，应该有不少与温泉相遇的机会。

考古学者藤森荣一在长野县诹访湖东岸进行挖掘调查时，从出土绳文时代土器的地层中发现了"附满水垢"的岩石，可以想见绳文人"已开始泡温泉"（藤森荣一《绳文的世界》）。这一报告广为人知。他又写道："地下5.5米处，在全黑的有机岩上层，大石头排列成环状。硫化物的气味直冲鼻腔。无疑，此处有硫黄质温泉涌出。"（《藤森荣一全集》第四卷）

藤森的考证多数值得信任，但也有需保留意见的地方。藤森荣一在别的书里说在"腐殖质层下"发现"附满水垢"的岩石。腐殖质层是包含有机动植物残体的泥炭层。泥炭层是厌氧环境，易从硫酸盐还原菌生成包含硫化氢的硫化物，因此"硫化物的气味"以及"水垢"状的成分可能也是这其中的生成物。单凭这两条不能做出"无疑，此处有硫黄质温泉涌出"的论断。

明治十九年（1886），内务省卫生局编著的《日本矿泉志》刊印，记载了自然涌出时代的温泉的成分分析，是很珍贵的数据。其中，对于挖掘区域里诹访温泉的记录为：多少含有些硫化氢的含硫黄泉及单纯温泉。说来这里也不是硫黄总量偏多的硫黄泉区域，所以到了今天，这里的泉质只剩下单纯温泉。

此外，如果从"大石头排列成环状"这样的描述就联想到丰臣秀吉建在有马温泉汤山御陵的浴池模样的石头阵，可能也过于心急了。欧洲土著凯尔特人也没有留下入浴的历史遗迹。涌出的温泉形成了自然的温泉坑，无须大费周章也可以享用温泉。环状的大石阵也可以推测为是绳文时代留下的祭祀或者墓地的遗迹。

像这样，在古代就有温泉涌出的温泉地，周边有绳文遗迹的事例不在少数。但是，温泉是从溪谷或者河畔之类的低地、洼地涌出，而绳文部落会建在适合森林狩猎和采集活动的河岸斜坡及台地上，以避免土地狭隘、排水不畅、泥石流等风险，与温泉分布的位置有所不同。

动物发现温泉的传说

近年，又有一种说法是通过对温泉成分里的盐分（氯化钠）的分析，认为温泉源（以下简称泉源）和绳文遗迹存在"有机关联"。其主旨是说，为了寻求生存所需的盐分，动物们会聚集到食盐泉（氯化钠泉）的泉源周围，使得那里成为合适的食物链集散地，对于人类来说就是狩猎场，这也是在远离海边的内陆地区形成大规模部落的原因之一。这样的例子可以举出秋田县鹿角

图 1-1　大汤的环状石阵（万座）

市大汤遗迹中的大汤温泉和它的环状石阵。

　　大汤川的一部分至今仍可自然涌出，在离大汤川有些距离的左岸台地面留有大汤遗迹。想要泡温泉的话，这一距离对于已经扩大行动范围的绳文人来说并不是很远。大汤温泉的泉质是弱食盐泉，含盐量不多，所以摄入效率也不尽如人意。

　　我们已经知道，动物会因寻求盐分等矿物质聚拢而来。其中一例就是群马县的野栗泽温泉。红翅绿鸠会聚集到汩汩涌出的碳酸氢钠 – 食盐泉的溪流边，泉温约 22 摄氏度，有摄影资料记录过它们的摄入行为。盐分浓度大约是大汤的 5 倍。和喝水处相同，这种对于每个动物来说都必不可少的地方会由强大的动物或个体优先选择，选好之后就会一直占用下去。这样的泉源地一旦被人类视为狩猎目标，那么短时间内动物都会避而远之。狩猎动物是绳文部落选址及形成的原因，以这样的长线视角来看其与泉源之间的关联性，或许尚有些难度。

另外，动物使用温泉不光是为了饮用泉水、摄入矿物质成分，还可以将聚集或生活在泉源处的昆虫及鱼类作为食物。在全世界动物发现温泉的传说里，都有动物们是为了缓解外伤、蚊虫叮咬，或者去除寄生虫、治疗皮肤病，来寻找泉源并群聚于此，通过泡浴、蹭温泉泥来达成目的的内容。光是摄取矿物质成分一项，就不仅仅有食盐泉这个选择，可以利用的温泉泉质还有很多。

自战前开始，西川义方等人着眼于动物发现温泉传说与温泉泉质关系的论述已广为人知。在此基础之上，中央温泉研究所的甘露寺泰雄通过温泉边聚集的动物种类的不同，来调查哪些成分更接近温泉最初的水质（《与动物发现温泉传说相关的温泉泉质》）。其中最多的是包含氯化物温泉、碳酸盐温泉和硫酸盐泉在内的盐类泉，占据半数以上。接下来依次是硫黄泉、单纯温泉、放射性物质温泉和碳酸泉。就日本泉质统计中的比例来说，以氯化物泉水为首的盐类泉占据中心地位不足为奇；就温泉和动物的关联来说，包含硫黄泉、碳酸泉这些特殊成分的泉质也不能忽视。对日本温泉历史的黎明期的探索，才刚刚起步。

2 《古事记》中唯一记载的温泉，悲剧舞台"伊余汤"

倭人的入浴行为和汤之神判

虽然与温泉没有直接关系，但是在中国两部正史中有倭人（日本人）通过泡澡行为与煮沸的洗澡水来聆听神的旨意，从而判定有无罪行的记载。这就是所谓的神判——"探汤（盟神探汤）"。

首先是3世纪西晋时期陈寿撰写的《魏书·倭人传》(《三国志》中《魏书》卷三○"东夷传·倭人"）上记有"家人离世

葬毕,举家前往水潭处,着丧服白练入浴"。入浴时穿白色绢布
应该是为了悼念死者,洗净死秽,可以说是禊祓的一种。另外,
日本最初的入浴行为不是赤身裸体,而是着有衣物,这一记录很
重要。

第二处是7世纪上半叶唐朝魏征编纂的《隋书》卷八一"东
夷传·倭国",有"置小石于沸水中,争执之人以手探汤,理屈
之人手烂"的记载。探汤依据的观念是以沸水神圣的清净力来辨
别神意。《日本书纪》中记录了应神天皇九年夏四月接受敕命请
示神意的经过。《古事记》允恭天皇条目中也记录了摆设探汤瓮
举行探汤仪式以平定家族之乱的事例。

关于前者的斋戒沐浴,很早就有相关记述。《日本书纪》崇
神天皇七年春二月条目有天皇亲自"沐浴斋戒",举行祭祀以清
净宫殿内部的记录。《古事记》的神话里面也有关于"禊""禊
祓"的记述。从这些资料起开始流传这样一种说法:"日本人的
入浴行为起源于禊祓、斋戒沐浴。"然而,此非一言可尽。

比如《古事记》景行天皇条目里有倭建命平定诸国的故事。
为了蒙蔽出云国的勇士"出云建",借机讨伐他,倭建命伪装成
出云建的朋友一起去斐伊川"川浴"。倭建命先上岸,谎称自己

手中的假刀是一把好刀，炫耀一番之后提出要和出云建换刀并比试刀法，然后在比试中将其斩杀。这样的川浴很难说是斋戒沐浴，名义上是缔结友谊吧。如果说讨伐对方后想要清净自身，那应该是完事之后再沐浴。

沐浴指的是洗头发、洗身体的热水浴。《论语·宪问篇》里有孔子沐浴后入朝廷做官的记录。在古代中国，会给官吏定期休假，用来沐浴。洗浴或入浴行为本身应该是有好几种原因、目的和形态，斋戒沐浴不外乎是其一。此外，在明确泡热水浴、温泉这一行为之后，我们也可以看到无论何种原因，入浴都是伴随着喜悦与快感的。

接下来是关于"ユ（ゆ）"[1]这个词。有个说法是"ユ的语源是表示洁斋意思的'斋'[2]，是取自入浴目的的名称"（《日本民俗大辞典》），这是错误的。在诞生汉字的古代中国，"汤"和"斋"也是作为两个不同的词出现的。像"汤沐邑（供沐浴的封邑）"（《礼记·王制篇》）这样，毫无洁斋意思的词条也很多。不同于"汤"的"斋戒沐浴"也已出现（《孟子·离娄下》）。

1　日语中"汤"字的读音为"ゆ"，"ユ"是平假名"ゆ"对应的片假名，皆表读音。

2　日语中"斋"字同样可读作"ユ"。

　　另说，日语里"ユ"原本的含义，在《日本古语大辞典 语志》里有这样的记述："涌水的意思，称作温泉、温汤，总而言之就是用来表示人体分泌物"。这是和"ユマリ（尿）""ヨダリ·ヨダレ"[1]这些词相关的表示体内排泄出温热分泌物时身体原初感觉的词语。当汉字传入日本之后，"汤川""汤沐"，喂婴孩喝热水的女性"汤母"（《日本书纪·神代下》），帮婴孩洗澡的人"汤坐"（《古事记·中卷》《日本书纪·神代下》），像这些发音为"ユ"的词，给它们冠以汉字"汤"最为合适。此后，自然涌出的温泉也以"温汤""温泉"这样的汉字来表示，后面会介绍读音"ゆ"的由来。

　　原始读音为"ユ"的一些词，也有可以读"イ"的音的。《日本古语大辞典 语志》解释说："为了表现某种信仰性的概念，通常以汉字'斋'来表示，其中蕴含有神圣、清净、斋戒等意思，用来表示'罪''秽'的反面。音变为'イ'，最常见的使用形式是'忌'，其读音为'イミ'。"原始读音"ユ"也衍生出了好几个语源相异的词。

1　日语汉字可写作"涎"，"ヨ"发音与"ユ"相近。

文献中第一次记载的温泉：道后温泉

《古事记》允恭天皇词条中，记载了作为皇太子的木梨之轻太子和同母胞妹轻大郎女（也作"衣通郎女"）的乱伦兄妹恋。据《日本书纪·卷一三》记载，轻太子"容姿佳丽"，任凭谁见了都会迷恋，轻大郎女也是身姿"艳妙"，是一对美丽的兄妹。5世纪中叶，在《古事记》结尾处记载的"伊余汤"——也就是伊予国的道后温泉，是日本温泉文献史上最早出现的温泉地。《古事记》里记录的温泉有且仅有道后温泉一处。

据《古事记》载，允恭天皇驾崩之后，轻太子尚未即位，他与轻大郎女的关系已经尽人皆知，故人心叛离。朝廷大臣也背着轻太子亲近其胞弟穴穗皇子（安康天皇）。轻太子逃至重臣宅邸试图抵抗，却未能改变被拘捕的命运，被押解到穴穗皇子面前。他随后被流放到了"伊余汤"。

轻太子和轻大郎女悲伤别离，虽然相互寄歌，但苦于相思的轻大郎女最终决定随轻太子同去。《古事记》和后面会讲到的《万叶集》的第二卷收录了这时候轻大郎女吟诵的歌："自从与君别，永日离忧千万绪，空待常焦灼。接骨木叶相送迎，与君执手共天涯。"[1]

轻大郎女应该是和轻太子在"伊余汤"相会了吧，只是不知道他们可以一起生活多久。《古事记》最后仅留下了"二人一同殉情"的记载。

《日本书纪》上记载的结局与时间则有所不同。时间是允恭天皇二十四年夏六月，木梨轻皇子因为是皇太子，不能被罚，只有轻大郎皇女被"流放伊予"。从那以后十八年都没有任何记载。允恭天皇于四十二年春正月去世，轻皇子与穴穗皇子之争爆发，轻皇子最终在藏身的大臣家自尽。不过，这里附加了一条"也有'流放伊予国'一说"的记载。这样一来，《日本书纪》中就没有提及伊予温泉。（虽然两者之间有出入，但《古事记》和《日本书纪》中记载的这一事件是有关流刑与流放的最早记录。）那么，又是为什么会选择伊余汤或者伊予国呢？

"中流"之地伊予国有全国唯一的温泉郡

古往今来被流放者多是贵族或政治犯。《日本书纪》之后

1　此处为译者译。他处若无特殊说明，《古事记》的译文皆引自安万侣：《古事记》，周作人译，中国对外翻译出版公司，2001。

的日本国史《续日本纪》（卷一）中，有以咒术惑众的役小角于文武三年（699）五月被流放至伊豆大岛的记载。役小角是"修验道"教派的创始人，同时也是温泉发现传说的主人公之一。

在律令制的刑罚体系中，流放是五种刑罚中仅次于死刑的重刑。神龟元年（724）三月，根据流放地的远近有了明文规定。伊豆、安房（千叶县）、常陆（茨城县）、佐渡、隐岐、土佐（高知县）六国为远流之地，伊予、诹方（长野县）两国为中流之地，越前（福井县）、安艺（广岛县）两国为近流之地。因为是按照离首都或者说畿内的距离来决定远近之差，所以环伊豆诸岛的伊豆、佐渡、隐岐等岛国就成了远流之地。中流地的伊予国面向濑户内海，濑户内海是从九州前往大陆的重要航路。对于需要关照的皇族来说，这里是非常合适的流放地。这里与温泉的关系，或许是另外一个重要原因。

大宝元年（701）颁布的大宝律令确立了国郡里制，随后又确立了国郡乡制，而伊余汤地区成为全国唯一一个带温泉名的温泉郡。虽然不知道古代的人是否意识到火山与温泉有关，但是在火山与温泉都颇为罕见的四国地区，居然仅在此处有高温泉涌出,且成为备受瞩目的温泉区,的确不可思议。在之后的《伊予国风土记》逸文《汤郡》中对此做出了解释,说是伊予的温泉是从大分、速见地区的温泉(别府温泉)经由丰予海峡下的下樋(暗渠)到达此地的。

《日本书纪》中,舒明天皇十一年(639)十二月十四日那天有一条记录是"行幸伊予温汤宫",说明在飞鸟时代"伊予温汤宫"已经建好。虽说是流放,但是如果不是拥有包含温汤宫的前身在内,可以接纳皇太子与皇女的住宿条件的话,前述的事情是不会成立的。

3 天皇长期留宿温泉地:《日本书纪》与温泉

最初的温泉行幸记载

从《古事记》到《日本书纪》的变迁中,我们可以深刻感受到温泉迎来了它真正的文献时代。因为《日本书纪》是以帝纪为主体进行记录的,所以关于温泉的部分多围绕天皇与皇族。此外,也有地方向朝廷汇报温泉状况变化的内容。

比如，天武天皇十三年（684）十月十四日发生了全国性的大地震。温泉受灾情况严峻，有"伊予汤泉被埋，不出温泉"的记载。在那之后，伊予汤泉也反反复复地出现不出泉的状况。

《日本书纪》上首次出现有关温泉的记述是在飞鸟时代的舒明天皇三年（631）九月十九日。"行幸津国有间温汤"，这是天皇初次行幸摄津国（兵库县）有马温泉时的记录。十二月十三日返回，在温泉留宿近三个月。同十年（638）十月又"临幸有间温汤宫"，翌年正月八日返回。这次也是将近三个月。

让我们回顾一下这两次有马温泉行幸。第一次还是"有间温汤"，第二次就是"有间温汤宫"了。可以想见，初次行幸时有马还未建成可以称作温汤宫的御所，而长期停留的话一定需要相应规模的住宿设施。那么，畿内的有马温泉是从什么时候开始投入使用的呢？

镰仓末期的神道学者卜部兼方写了一本《日本书纪》的注释书，叫《释日本纪》，其中卷一四以"据摄津风土记所言"的形式引用风土记逸文，提及了"有马郡"涌出的咸味温泉"盐汤"，也讲到了有马温泉。书中随后记载道："有人说'盐汤是第一次见'。当地人说，虽然不确定具体时间，但听说是从'岛大臣'时代出现的。""岛大臣"是苏我氏全盛时期的苏我马子,可能从苏我马子做大臣时的敏达天皇时代起,到用明、崇峻、推古天皇时代,有马温泉就已经受人瞩目了。

长期留宿时代的到来

舒明天皇在十一年（639）十二月,也行幸了"伊予温汤宫",翌年四月十六日返回,留宿了四个月。舒明天皇在位的13年间,共行幸温泉3回,每次都留宿三到四个月。回溯舒明天皇之前在位时间更长的推古天皇和钦明、敏达天皇时代,

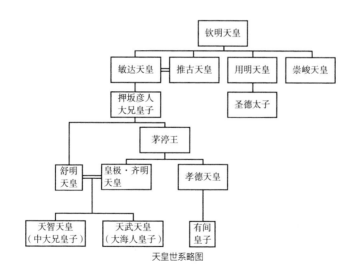

天皇世系略图

还没有天皇留宿这么久过。舒明天皇之后，这样的长期温泉行幸也沿袭了下去。也有天皇没有留下温泉行幸的记载，我们来一起看一下这两者之间状况和背景的差异。

钦明天皇在位32年（540~571），期间友好国百济和高句丽、新罗对立，朝鲜半岛局势紧张。紧接着敏达天皇在位14年（572~585），这期间苏我氏和物部氏对立。用明天皇年间，苏我马子灭了物部守屋，但天皇在位仅两年。随后的崇峻天皇在在位期间第5年被苏我马子杀害。这几位天皇都没有机会行幸温泉。

崇峻天皇之后即位的推古天皇是钦明天皇的皇女，敏达天皇的异母妹妹，也是他的第二任皇后。推古天皇将厩户丰聪耳皇子（圣德太子）立为皇太子后，共同执政，并与大臣苏我马子三人合力，通过振兴佛教等政策，使国家安定下来。推古天皇能成为温泉行幸的先驱，不足为奇。

但是之前的《释日本纪》上记载："伊予温汤宫得众天皇行幸高达五次"，大致数下来是景行天皇和皇后来了一回，仲哀天皇和神功皇后一回，"上宫圣德皇子"一回，舒明天皇和皇后（之后的皇极·齐明天皇）一回，齐明天皇及其子天智天皇与天武天皇一回。照这样来看，驾临伊予温汤宫的是上宫圣德皇子（圣德太子）而非推古天皇。

关于景行与仲哀两位天皇的记载，历史中掺杂着神话。两位天皇与皇后同行的说法很有可能是根据之后舒明天皇与皇后同行捏造出来的。况且在《日本书纪》中，没有舒明天皇与皇后同行的记述。之所以会这样，也许是在《万叶集·卷一》的《额田王歌》中有这样的描写："夜发熟田津，乘船待月明，潮来月忽出，趁早划船行"[1]，而万叶歌人山上忆良在《类聚歌林》中为此加上了"天皇皇后临幸伊予温汤宫"的注释。

接下来关于圣德太子的伊予温汤行，《释日本纪》中介绍了当时立于道后温泉附近的汤冈石碑，碑文以"法兴六年十月"起头，如今碑体已不复存在。

推古天皇之后继任的舒明天皇也是有可能行幸温泉的。舒明天皇是钦明、敏达天皇之后的直系皇子，有推古天皇的圣意支持和大臣苏我蝦夷的鼎力相助。舒明天皇去世后继位的是舒明天皇的皇后，也就是后来的皇极天皇。皇极天皇在位4年间，是嫡子

1　若无特殊说明，本书中《万叶集》的译文，均引自《万叶集》，杨烈译，湖南人民出版社，1984。

中大兄皇子（之后的天智天皇）与大臣苏我虾夷、苏我入鹿父子之间关系紧张并持续升级的时间段，所以也就没有出游温泉地的闲暇了吧。

大化改新开始之后，孝德天皇时代，各方的紧张关系缓和，于是再次实现了中断很久的温泉行幸。大化三年（647）十月十一日，孝德天皇行幸"有间温泉"，在温泉地留宿两个多月后，于十二月末返回。《日本书纪》上记录，途中，不知为何逗留"武库行宫"，当日皇太子宫殿起火，众人惊愕不知所措。这个记录让我们也可以预想到之后可能的情况了。大概是这次事件的影响，其后孝德天皇在位的10年间，再也不见行幸温泉的记录。

孝德天皇去世后，皇极天皇再度即位，摇身一变成为齐明天皇。中大兄皇子继续以皇太子的身份掌管政务。此时的政治环境足以支撑天皇行幸温泉。于是，齐明天皇四年（658）十月十五日，天皇行幸"纪温汤"。它是被统称为白滨温泉的汤崎温泉最古老的泉源地。翌年正月三日，天皇一行踏上归途。在这期间，悲剧再度拉开序幕。这件事更加说明了天皇的长期温泉行幸只有在政治安定的时候才可以实现。

4 再度面对悲剧降临的皇子与纪温汤

向齐明天皇推荐"牟娄温汤"的有间皇子

《日本书纪》在齐明天皇三年（657）九月的记录里，有对孝德天皇皇子的诋毁："有间皇子性格恶劣，举止癫狂。"有间皇子"假装在牟娄温汤疗养病体"后，向他的伯母齐明天皇报告说："这里非常好……即便只是看看这地方，病也可自然痊愈。"天皇听后大悦，决定去看看。书中暗示有间皇子欲将天皇诱出宫，趁天皇不在策划阴谋。

齐明天皇行幸纪温汤，中大兄皇子同行。纪温汤与前述的牟娄温汤是同一温泉地。其间，守护都城与皇宫的留守官苏我赤兄对有间皇子说"天皇执政有三失"，以此怂恿有间皇子谋反。另一边，又向暂住纪温汤的中大兄皇子和齐明天皇上奏"有间皇子欲谋反"。有间皇子立刻被捕，并被押送至纪温汤。

面对严厉质问"为何谋反"的中大兄皇子，有间皇子回答说："只有上天与（苏我）赤兄知道，而我完全不明就里。"在从纪温汤被遣送回宫途中，有间皇子于十一月十一日在藤白坂

（和歌山县海南市）被绞杀。

作为安宁平和的休息与疗愈之所，温泉地因为皇子间的争权夺位，继成为流放地之后，又成为质询与审判的场所。不过，到底没有用温泉地来处决犯人。藤白坂也曾出现在《万叶集》中，是一处坡道景观名胜。坡道被认为是生死之界。

《万叶集·卷二》里收录有间皇子的歌"磐代有青松，结枝聊贡献，幸能遇赦还，与汝重相见"，应该就是在归途中所吟。这个愿望最终没能实现。

"日本三大古汤"和"束间温汤"

为了将牟娄温汤与纪温汤区别，有的解释称牟娄温泉是属于古代纪伊国七郡中"牟娄郡"的汤之峰温泉。但是位于熊野本宫大社附近的汤之峰温泉比白滨温泉远，是深山里的温泉。上皇、法皇[1]与女院[2]在10世纪初的平安中期，也就是宇多法皇时期，开始参拜熊野本宫大社。《万叶集·卷一》中以"中皇命往纪伊温泉时之御歌"为题收录了齐明天皇行幸纪温泉（纪温汤）时写

---

[1]　日本历史上太上天皇遁入佛门后的称号。
[2]　日本历史上赐予太皇太后、皇太后、皇后，或拥有相等地位女性的称号。

下的三首和歌。歌中写到的岩代、盐岛、阿胡根浦等白滨温泉附近的各处，是以现在南部町的岩代为首的沿海地名。

牟娄和高知的室户一样，表示像海湾一样凹进去的地方或者洞穴。平安中期的歌僧增基法师去熊野参拜时写下游记《庵主日记》，在"南部之浜"之后留下了"牟娄之港"的记录，可以想见当时是坐船去的。大约是在田边湾附近吧。牟娄温泉是崎之汤的砂岩海岸上，石崖和大岩盘被海浪侵蚀形成的洞窟或凹处涌出的泉水。崖下的岩盘受到泉水侵蚀后变成深深的泉源遗迹，现在还可以在"崎之汤露天温泉"的男性澡池一侧的角落里窥其风貌，令人想起古代牟娄温泉。

《日本书纪》天武天皇十四年（685）四月四日有纪伊国国司上奏："牟娄温泉被埋，无泉水。"应该是在地震中被掩埋了。之后，持统天皇四年（690）九月十三日留有"行幸纪伊"的记载，但不知天皇是否驾临温泉。《续日本纪》在大宝元年（701）十月八日上记有"天皇行幸纪伊国……车驾抵武漏温泉"，这里写的是文武天皇，看来在那时温泉行幸再度复活。行幸时，下令说仅限牟娄郡可免除关税，从这里也可以看出此处震灾影响一直延续了很久。

这样，被称作"日本三古汤"的道后、有马、白滨温泉都到位了。但《日本书纪》上出场的不止以上三大温泉，还必须加上"束间温泉"。

天武天皇十四年（685）冬十月十日，天皇派遣三名朝廷大臣至信浓国建造行宫。《日本书纪》就此写道："盖是念及束间温汤行幸。"天武天皇此间抱病，或许是在考虑疗养病体。然而此后天皇病情加剧，事实上未能行幸，便在翌年九月驾崩。

图1-2　白滨崎之汤的古代浴槽遗迹（中央洼地）

束间温泉的束间也写作筑摩。平安时代中期，源顺编纂的《倭名类聚抄》（二〇卷本）上记载了古代的国郡乡名，信浓国的国府在筑摩（豆加万），也就是现在的松本、盐尻市一带。可以认为束间温汤指的是筑摩郡"山家"乡（东筑摩郡旧里山边村）被叫作白线汤和汤原的美原温泉（松本市）一带。

涌泉信仰和"熟田津的石汤行宫"

《日本书纪》上有多处记录了涌泉信仰。其中持统天皇七年（693）十一月十四日的"使其试饮近江国益须郡（滋贺县旧野洲郡）醴泉"，所记应不是温泉，"醴泉"该是指如甘酒般的涌泉。如果是碳酸氢钠泉或者富含有机物腐殖质的单纯温泉，含进嘴里会有甜味。另外，下一节中的古风土记记载"酒水""色如水有少许酸味"即有碳酸味，所以"酒水"应该就是碳酸泉。

另外，《日本书纪》齐明天皇七年（661）正月十四日留下记载"御船（天皇的船），宿伊予熟田津的石汤行宫"，此处所言"熟田津的石汤行宫"是否就是伊予温汤宫和伊予温汤，很早就成了热议话题。山上忆良为《万叶集》中前述和歌"夜发熟田津，乘船待月明……"添加的注释，默认齐明天皇再访伊予温汤为事实。但是，伊予温汤宫是建在伊予温汤的御所。一时各处都在建造"行宫"，概念有所不同，很难说石汤行宫就是伊予温汤宫的别名。

《日本书纪》在几乎所有的温泉地上都使用"某某温汤"的称呼，不过也有例外写成"某某汤泉"的。把伊予汤、伊予温汤记作"石汤"并不自然，而在行宫的名字前加上"熟田津的"也不合适。更妥当的看法是，"石汤"或是御船停靠的海边港湾，或是位于熟田津的地名，或是建筑的名字。

向形势紧迫的朝鲜半岛派遣了军队救援百济的齐明天皇，不顾自己的病体亲临阵前，最终于当年七月驾崩。往九州去的船队为了避开冬天频繁的逆风西北风，等待东南春风和顺水，需要两个月的时间。为此，紧急在港口熟田津修建了行宫"石汤"。

对于"石汤"，有人认为它是大陆、朝鲜半岛传来的热气或蒸汽浴的石头浴池，这种形式的浴池在濑户内地方也很常见。京都八濑的釜浴池是这类浴池中很出名的一个。但是石浴池不会用"汤"这个字。热气或蒸汽浴和"汤"的概念不同。所以，应该像《日本书纪》景行天皇十七年三月条目下记载的日向国的"子（儿）汤县"那样，只把它看成地名比较好。

5 古风土记和《万叶集》中讲述的古汤

《出云国风土记》中第一次出现"温泉"

《古事记》问世后一年即和铜六年（713），朝廷命令各国汇总地理志上交。进献上来的报告后来称作《风土记》。其中，为了与后来编纂的风土记相区分，将留存至今的出云、播磨、常陆、丰后、肥前五国的风土记称为古风土记。那些被后世的其他书籍引用的片段，称为风土记逸文。其中还包含一些已经被后世作者加工过，不应该算作逸文的文章存在，这成为遗留问题。

关于古风土记，有两点需要特别说明。第一，"温泉"这个词在日本首次出现，就是在古风土记中。第二，各地对如何使用温泉，温泉的功能与特点，温泉如何诞生的记述也是首次。

"温泉"第一次出现是在天平五年（733）完成的如今唯一全本存世的《出云国风土记》中。在"大原郡"的"海潮乡"中，有"东北须我小川……川中温泉。无名。同川上游毛间村川中有温泉出"的字样。前者是尚保留风土记时代地名的海潮温泉（岛根县云南市），后者不明。《出云国风土记》记载的温泉，包括海潮温泉和其他在内共有五处。此外，也出现了"出汤""药汤"，但是没有出现温泉的说法。

仁多郡有两个温泉。一个是斐伊川的支流龟嵩川涌出的泉水；还有一个是出云地区漆仁的汤村温泉，古风土记里称颂此处温泉兴盛、药汤高效，那些赞美之词与后面称颂玉造温泉的基本相同，已经是套路表达了。被称作汤村温泉的漆仁之汤至今仍由斐伊川上流河边的岩磐龟裂中自然涌出，是 42 摄氏度的碱性单纯温泉，可以滋润皮肤，其温泉坑自然形成露天浴池。1300 年前的记载与温泉地的场景以几乎一致的模样留存下来，是非常难得的。

第五处是玉造温泉，关于它的记述是："意宇郡"中"忌部神户"的"川边有出汤"。新上任的出云国造要入朝参见时，会在这里沐浴斋戒，所以称作忌部神户。

"出汤所在兼有海陆（潮涨潮落，忽而为海，忽而为岸）。仍男女老少、或道路骆驿（排成长队）……日成集市、燕乐纷缤（乱歌宴酒）。一濯则形容端正，再浴则万病悉除，自古至今，无不得验。故俗人曰神之汤。"

玉汤川汇入宍道湖，其沿岸就是当时的泉源地，据说玉作

图1-3 出云汤村温泉的河边共同浴场

汤神社守护的"元汤"曾经就在这附近。男女老少云集，享受温泉的眷顾，将其尊崇为"神之汤"。这份珍贵的记录显示，不仅是天皇和皇族，庶民同样会光顾温泉地。

古风土记中温泉的诞生与特色

纵观其他几部古风土记,《常陆国风土记》没有讲到温泉,《播磨国风土记》讲到"神前郡"的"汤川"曾有温泉涌出,《丰后国风土记》和《肥前国风土记》则都有很翔实的温泉记述。

《丰后国风土记》中关于温泉的记述也很丰富。最值得注意的是关于别府湾以西的"速见郡"地狱地带的描写，提及了很多极具特色的温泉。"赤汤之泉"的颜色泛红，掺杂泥土，不是用来泡澡而是用来做建材涂料，温泉颜色很深，蒸汽像烧得正旺的火一般炽热，甚至无法靠近，温泉周围草木皆枯。还有名为"玖倍理汤井"的温泉，有人接近就会发出巨响，产生"惊鸣涌腾"的间歇泉现象，特色鲜明。

温泉的颜色与从温泉中析出的成分之多样，以及酸性泉等泉质之多样，是拥有火山温泉的日本的优越之处。这些都被生动地记录了下来。"赤汤之泉"被比作别府龟川附近的血池地狱，"玖倍理汤井"据传位于"河直山"东崖，"河直"与"铁轮"相似[1]，大约便是铁轮地狱，但没有定论。

"直入郡"中"汤河有二，神河汇流"，此处的"神河"是大分川支流芹川。两条汤川汇合成芹川，合流处有被称作汤原（汤之原）温泉的长汤温泉。《丰后国风土记》上记载了一个温泉诞生的故事，说是在天武天皇时代的戊寅年（678），"日田郡"

1　"河直"发音"kawanao"，与"铁轮"的发音"kannao"相近，时有通用。

的"五马山"附近发生大地震，崩塌跌落的峡谷间有温泉迸涌而出。有趣的是，记录中不仅有对天地巨变的惊叹，也有"以此热泉炊饭早熟"这样现实性的目光。另外，藏青色的温泉"不常流，闻人声则惊而愠，腾起泥土……"，这说明它还拥有挟泥带土喷涌而上这一间歇泉的特点。

像这样连诞生的场景都十分明确的贵重温泉在哪儿呢？五马山附近玖珠川的山谷间，至今仍有丰富的高温泉涌出，此乃天濑温泉（大分县日田市）。川底自然涌出的是硫化氢泉。因为含硫，所以泉水泛青，和风土记所说的泉水特色相吻合。

关于杵岛郡，《肥前国风土记》中如此记述："郡西有温泉出，崖高岸险。"高耸的岩石山蓬莱山背后是武雄温泉（佐贺县武雄市），与之相邻的藤津郡"东边有温泉，能愈人病"，此乃嬉野温泉（佐贺县嬉野市）。

在"高来郡"也有云仙温泉。"峰之汤泉……源头在郡南，从高来峰之西南峰涌出……热度异于他泉，和入冷水，可沐浴。味酸。有硫黄、白土及和松……"从这段记述中，我们可以明确泉源地，并知道是高温酸性硫黄泉，其特色是可以析出硫黄与酸性白土。而且，我们可以知道需要往热源泉中加水冷却之后再泡温泉。虽然现在是写作"云仙"，但是泉源山峰称作温泉岳。也就是说，云仙温泉有两个名字。

《万叶集》里吟诵的温泉

此后使用"温泉"一词的就是《万叶集》了。不是在词句中，而是在对作者或所咏地点的说明及对和歌的注释中，如《额田王于幸纪伊温泉时作歌》（《万叶集·卷一》）、《山部宿祢赤人至伊予温泉作歌一首》（《万叶集·卷三》）。

包含这两首和歌在内收录了逾四千五百首和歌的《万叶集》中，只出现了五处温泉地。除了道后、有马、白滨日本三大古汤之外，新出现的两处，其一是次田温泉（福冈县筑紫野市二日市温泉）。在《帅大伴卿宿次田温泉闻鹤喉作歌一首》中，便有"汤原鸣此鹤，正似我衷情，恋妹心头苦，时时奋一鸣"（《万叶集·卷六》）的句子。

成为大宰帅（大宰府[1]长官）的大伴旅人在大宰府附近的次田温泉留宿时，听到了鹤的哀鸣，联想到自己的丧妻之痛，故作

1　大宰府，九州地区的行政首府，在今福冈县太宰府市一带。文献中一般将行政机构名写作"大宰府"，将地名写作"太宰府"。

此和歌。温泉地的古名为次田，读作"すいた"。

另一处是收入在《东歌》[1]内的"足柄土肥乡，温泉河内出，二人行绝交，虽则无言述"（《万叶集·卷十四》），"足柄土肥"是藤木川流经的神奈川县汤河原町的旧名，是之后支持源赖朝崛起的土肥氏的大本营。歌中所咏汤河原温泉的泉源是藤木川的川原，受洪水影响，涌出泉水的地方经常四处改换位置，状况很不稳定。将这种"温泉河内出"的不断变动和不稳定，比作恋人变幻不定的情绪，这就是这首和歌的新颖之处。

这样一来，"温泉"一词登上日本舞台。那么在中国与之相对应的汉字又是何时开始启用的呢？

在公元前的古籍中没有相应的事例，"温泉"第一次出现是在后汉时天文地理学者张衡的《溫泉赋》中。"温"是"溫"的俗字体，在中国的古典文献中写作"溫泉"。《溫泉赋》是张衡到访骊山温泉，即唐代以后名扬四方的"华清池"后写下的。文中还提及了温泉之效用："若有流行病，则宿温泉以去污秽。"

---

1 古代日本东国（关东地区）之歌，包括《万叶集》第十四卷全部及《古今和歌集》第二十卷的一部分。

此后，两晋南北朝时编纂的《西京杂记》中也出现了"温泉"。到6世纪初，北魏郦道元编纂的地理书《水经注》为止，多有典籍对中国各地的温泉进行介绍，"温泉"一词已广为流传。温泉具有疗养效果的特点也常被提及："若有温泉，疗疾病有验。"（《水经注·卷十三》）中国文献开始介绍古代日本的温泉时，起先用的是带有"汤"字的"温汤""汤泉"，"温泉"反而是后来用起来的，这一点也颇有意思。

6　佛教带给日本的入浴和温泉文化

《佛说温室洗浴众僧经》的传入

从一些行政文书上，我们可以明确几处在奈良时代首次亮相的温泉地。在东大寺的正仓院文书中，天平十年（738）的《骏河国正税帐》中出现了这样的记录："依病下向下野国那须汤从四位下小野朝臣……"时任从四位下骏河国（静冈县）高官的大臣小野申请要去下野国（栃木县）的那须汤本温泉疗养病体。此处的温泉之行与疗养病体挂钩。从骏河国不远千里前往，可见在当时,那须汤本温泉酸性泉的卓越效能已是众所周知的了。

正仓院文书中还记录了一部日本入浴与温泉文化史上值得特别提及的佛教经典。《佛说温室洗浴众僧经》是唐朝东渡的僧人和渡来僧[1]携带的经典之一。该经典讲述入浴与温浴的功德,略称《温室经》,称携带七种物件入浴可驱除七种疾病,获得七种福报。七种物件中第七样就是"内衣",也就是严禁裸体,需要着内衣(汤帷子,之后的浴衣)入浴。《温室经》介绍的虽然是寺院浴室和温室里的入浴规范,但是后来就变成了浴场里的通用规则与入浴方式。这个习惯一直持续到江户时代中后期,后文将详述。所谓"裸身入浴是日本人的传统"不过是一种想当然,真实情况是日本人直到近世末期才开始裸身。

就日本的气候及风土来说,入浴和温浴习惯是令人舒适的。受惠于温泉众多,日本人常有入浴机会。佛教奖励入浴和温浴,佛教的普及对包括温泉在内的入浴文化的普及做出了很大贡献。

"开汤1300年"传承之背景

佛教对温泉地也产生了影响。对开汤始于何时的推断显

1　渡来僧,由朝鲜半岛来到日本的僧侣。

示开汤传承常以其悠久的历史为傲。在开汤传说中，声称开汤 1300 年、开汤 1200 年的例子不在少数。前者说的是奈良时代前期，后者的话，如果是奈良时代后半期就是天平年间（729~767），如果是平安时代前期就是大同年间（806~810）。开汤时间多集中在这个年代，可能只是偶然的巧合吧。

这样的开汤传承，是温泉发现传说的典型代表，也属于高僧发现传说。对日本的温泉发现与开汤而言，自古以来的山岳信仰和结合佛教与密教形成的修验道的修验者，和那些不属于寺院的被称为圣[1]的山林修行僧的活动都起到了很大的帮助作用。"修验道"创始人役小角发现温泉的传说也是其中一例。

大化改新后，佛教举国昌盛，但是直接面向民众的布教活动和社会事业却受到了限制。行基等人致力于布教与社会事业，名声大振。由修验者与游方圣主导的山林修行行场的开设也如火如荼。开汤 1300 年传承所代表的奈良时代前期是这一浪潮的开端。养老元年（717），朝廷甚至下令禁止百姓随意成为僧尼。

在这一时期由山岳修验者、游方圣和动物交错发现的温泉

1　下层僧侣、游方僧。通常会受到民众膜拜。

地，就是那些拥有开汤1300年传承之名的温泉地，包括汤田川温泉（山形县）、石川县的山代温泉、由白山开创者泰澄和尚发现的粟津温泉、汤之山温泉（三重县）和城崎温泉（兵库县）。

接下来是奈良时代后半期。在东大寺大佛的开眼供养会后，圣武天皇和光明皇后、女儿孝谦天皇（重登皇位后为称德天皇）建立起了佛教国家，广义上称这段时间为天平年间。这一时期曾全国范围内流行天花，在此背景下，箱根汤本温泉有着如下开汤缘起："天平年中（729~749）或天平十年（738），关东天花流行，泰澄弟子净定坊来到汤本，劝请（移请神佛分身以供奉）白山权现[1]，修法之时灵泉涌出，沐浴之人天花治愈。"（《熊野权现愿文》）开汤关键词为天平年间、白山信仰、泰澄和天花。

据说在天平年间开汤的温泉还有东山（天宁寺）温泉（福岛县）和盐江温泉（香川县）等。关键词是行基。行基因协助建造东大寺，在天平年间被称为行基菩萨，名望到达顶峰。

在平安前期的大同年间，自唐归来的最澄与空海开创了天台宗与真言宗，传法活动兴盛。各地的游方圣与寺院僧受到的影

---

1 佛和菩萨的化身。当时日本人认为日本神灵大多都是佛和菩萨的化身。

响又反映到其后各地的开汤传说之中。这里的例子有肘折温泉（山形县）、盐原温泉乡（栃木县）、修善寺温泉（静冈县）等。修善寺温泉的开汤关键词是修禅寺与空海。

弘法大师空海与涌泉和温泉的开发

说到体现佛教对温泉世界影响的高僧，继行基之后的第二位就是弘法大师空海了。虽然两人都曾多次在开汤传说中登场，但是就涉及的广度而言，没有高僧比得过空海。为什么空海可以在这么多泉井开发和开汤传说中留名呢？

并不是所有古代高僧都可以在传说中留名，留名的高僧都有一个共同点。就行基和空海来说，首先是他们都致力于社会事业，是民心所向，知名度超群，在当时就成了民众信仰的对象。空海故乡赞岐国的国司向朝廷提出要空海担任修筑满浓池的责任人，理由是"民众爱空海如爱父母，如有空海在场，自会有民众集于此地"。其次是他们还是山岳修验者和山林修行者，也就是说是游历各处的人。此外，他们还对山水整体有着清晰的把握，精通矿物资源、水、涌泉及温泉的好坏，还有木材的良莠等。

空海在弘仁七年（816），向嵯峨天皇请愿将高野山作为自己的入定之地，上书道"空海自幼好涉览山水……"（《性灵集·卷九》）。他们在唐朝不仅学习佛典，还广泛学习了土木工学、矿物、医药等多门学问技术。他们会山林狩猎，可以说是一流的矿物、温泉勘探技术人员。他们手持的锡杖是渡涉险峻山野时的登山杖，是驱赶野兽的武器，是在地面和岩石上钻孔的资源探查棒。嵯峨天皇抱恙之时，空海进献了有神佛加持的"神水一瓶"，那或许就是可以饮用的矿泉或温泉水。

为了收集在社会事业以及建造东大寺时所需的木材和金属材料，行基主要是在畿内活动，山林修行更彻底的空海行动范围则更广阔，这应该也影响了后来开汤传说的形成。

由此可知，包含山岳修验者和山林修行圣在内的佛教僧侣，不仅有去发现涌泉或温泉的动机，也有这样的机会。

在山岳与山林的行场或灵场间巡游，他们不时接受建造寺院的请求，在调配矿物资源和木材的过程中，在所到之处遇见自然涌出的涌泉与温泉的可能性很大。周围都是积雪，只有某一处雪已融化，于是用锡杖在这处温热的地上钻孔，就可能会有温泉水渗透出来。他们自身也是需要水或者涌泉、温泉的。平安时代初期，奈良药师寺的僧人景戒编纂的《日本灵异记》中，记录了役小角用清泉濯发，洗净世俗、烦恼之垢的事例。山岳修验者和山林修行者重视洁身沐浴。

梵语管供佛的水和修行加持用的水叫阏伽，行场、灵场、寺院必须确保阏伽井供水无虞，涌泉就是非常重要的阏伽井。入唐前，空海在包括其故乡赞岐在内的四国地区的修行场和灵场修行，那些仰慕空海的僧人及游方圣会追随其足迹，"四国边地、边道"被当作四国遍路[1]路线之一。从此在修建起堂宇的札所[2]留下了许多来源于阏伽井或阏伽谷，含温泉的泉水井、矿泉名的山号[3]。

行基和空海到底实际上发现、开发了多少温泉暂且不论，后世里由于行基菩萨和弘法大师信仰的普及，这两位的大名下汇聚了民众的尊崇。由仰慕、传承他们的修行僧和游方圣开发出的泉井与温泉也要沾一沾这两位的荣誉，便将他们作为发现和开发温泉的当事人，这些传说由此流传下来。

1　巡拜日本四国岛境内八十八处与弘法大师有渊源的灵场（寺院）称为四国遍路、四国巡礼。平安时代修行僧游游弘法大师的足迹，逐渐形成"四国遍路"的原型，江户时代"四国遍路"的概念彻底形成后，巡礼者也不再只限于僧侣。

2　日本佛教圣地称呼，因信徒会在参拜时奉纳千社札而得名。四国遍路的八十八灵场是著名的札所。

3　冠以寺院名称的山名。

第二章 王朝与温泉的缘分：

平安时代

1 王朝文学中的温泉

贵族是温泉的主要客人

恒武天皇在 781 年即位之后离开平城京，延历三年（784）迁都至山城国（京都府）的长冈京，接着在延历十三年（794）再次迁都至平安京。平安时代的开始是天皇亲政的一种尝试，持续至嵯峨天皇即位之后。但是在藤原良房于贞观 [1] 八年（866）正式成为摄政之后，藤原氏担任起摄政和关白的职位，朝廷实权向藤原氏倾斜。这就意味着，温泉的受众也开始向以藤原氏为核心的朝廷贵族转移。

这其中包括了多位降格为臣的皇子。平安时代，参与贵族生活的人创作出了多彩的说话集、和歌集、物语、日记之类的文

1　此处为日本年号，与唐代年号贞观无关。

学作品。让我们通过这些作品，来看看温泉是被如何描写和享用的。

平安初期的纪贯之等人编纂的《古今和歌集》是最初的敕撰和歌集，其中第九卷的羁旅歌中有这样一句词书[1]："赴但马国温泉时驻于二见海之地……"[2] "但马国温泉"就是城崎温泉。在此之后，城崎温泉频频出场。这位在前往温泉疗养途中诵歌的贵族，就是中纳言藤原兼辅。

《竹取物语》诞生于10世纪上半叶，故事里就有辉夜姬的求婚者之一，贵公子库持皇子假借温泉疗养之名请假的桥段。内心其实并不打算理会求婚的辉夜姬对他说："你需要取回蓬莱岛上的玉枝。"蓬莱岛远在东方海上。皇子想出一计，一边对朝廷请假说"我去筑紫国泡澡"，一边让别人向辉夜姬传话"我去取玉枝"。为了蒙混送行的人，他先让送行者以为自己坐船离开难波港前往九州，然后再悄悄返回。皇子在邻近村庄悄悄准备了一间屋子，让工匠在里面用珍珠金银打造出可以乱真的蓬莱玉枝，佯

---

1 写于和歌之前，对时间和场所进行简单说明的文字。
2 若无特殊说明，本书中《古今和歌集》的译文，均引自纪贯之等编，《古今和歌集》，杨烈译，复旦大学出版社，1983。

装从东方带回，进献给辉夜姬……

这位皇子用来做幌子的著名的筑紫国温泉，正是《万叶集》中大伴旅人吟诵的次田温泉。次田温泉是大宰府勤务官员、负责警备的武官以及周边僧人入浴的官方温泉，都城内的贵族们也常来惠顾。

关于次田温泉，平安末期由后白河法皇编纂的《梁尘秘抄》第二卷中写道："次田御汤的次序，一是官，二是寺，三安乐寺，四天王寺，五武士，六伙夫……第十国分武藏寺，夜晚往生众生灵。"从这首歌谣可知，次田是一处入浴有先后顺序的秩序井然的温泉场。可以最先入浴的是大宰府官员，然后是观音寺，第三是安乐寺（太宰府天满宫），第四是四王寺的僧人，第五是大宰府的警备武官，第六是大宰府料理人……如此这般排下来。对应着寺院的顺序，僧侣们也有了顺序。最后才是一般庶民。此处写入夜后轮到亡灵入浴，用词上的替换别有韵味。我们可以从中想见中世温泉场和澡堂的开放性，以及它自带的一种避难所性质。

平安时代，城崎温泉等温泉登上历史舞台，其中不应该忘记的是有马温泉。从都城平安京出发可以沿淀川行船到达有马温

图 2-1　大宰府的观世音寺

泉，有马温泉的价值因其便利性而提高。继《竹取物语》之后，
10 世纪中叶的《宇津保物语》中有一个担任兵卫佐的名叫良岑
行政的人物，故事记述了他去有马温泉的经过。

　　良岑行政去有马温泉的理由应该是疗养，却留下如下记述：
"至摄津国有马温泉，游历有趣之处，凡兴味所至必睹物思人，
难以自拔……"看来净是游览观光，即便有恙，看上去也并没
有心系疗养，更要紧的反而是相思病。有马温泉自古以来被称
作"盐之汤"，古人将有马温泉的水与眼泪淋在信纸上，再加上

一首以"潮垂[1]"开篇讲爱情的和歌，托随行的童子把它送进都城。对于平安贵族来说，有马既是方便的温泉疗养地也是消遣观光地。虽然这相思病到底是没法治好的……

成为名胜的温泉

11世纪上半叶是藤原道长政治生涯的全盛时期，诞生于这一时期的《源氏物语》中两次出现了业已大名远扬的伊予温泉的汤桁，分别在第三帖《空蝉》和第四帖《夕颜》中。

《空蝉》里空蝉和伊予介的女儿在数棋子时，用伊予汤桁来比喻数量多。汤桁是在浴槽中分隔出格子状区域，以方便泡澡的木框。《夕颜》中有一个细节是光源氏想问从伊予国回来的伊予介"汤桁几处"，却终究没问出口。对于王朝贵族而言，是汤桁成就了伊予温泉，使它成为名胜。

藤原道长的女儿是一条天皇的第二位皇后（当时称中宫），名叫彰子，服侍她的人就是紫式部，而与紫式部几乎生活在同一时期的是服侍一条天皇皇后定子的清少纳言。她的《枕草子》中也显示出温泉已成为名胜。但是在据传最接近原本的三卷本

1　短语（しほたるる）可以写作日语汉字"潮垂"，常用作"流泪"之隐喻。

《枕草子》中并没有这一叙述，这一叙述出现在清少纳言的姻亲、歌人能因法师流传下来的版本，即能因本《枕草子》中，所以不能确认是否为清少纳言本人所写。

"温泉要数七栗汤、有马汤和玉造汤。"虽然根据版本不同，写法上多少有些区别，但是这三个温泉，可以说是清少纳言选出的三大名汤，然而除了有马之外，另外两个分别指代何处却众说纷纭。

就"玉造汤"而言，首先可以想到的是玉造温泉，《出云国风土记》中有玉作汤社及其周围河岸边有温泉涌出的记录。虽说如此，鸣子温泉乡（宫城县）的可能性也不容忽视。

古代陆奥国（青森、岩手、宫城和福岛四县）的城栅为玉造塞，此处距玉造塞不远。《续日本后纪》位列"六国史"中的第四位，其第六卷承和四年（837）四月十六日记载了温泉诞生时的情景："玉造塞的温泉石神声震如雷，昼夜不止，温泉似河水般流出，色如浆……"此时从大石间涌出的大量温泉如米汁（浆），是白而浑浊的硫黄泉。之后，此处建立了祭祀"温泉石神"的神社。这就是鸣子温泉乡川渡温泉的温泉石神社。同书另记载了承和十年（843）九月五日"玉造温泉神"被授予神阶（朝廷颁发给神社祭神的位阶）一事，这指的是温泉诞生时留下潟沼的鸣子温泉之神。在那之后，陆奥的玉造温泉亦为中央所知。

说到"七栗汤"，平安中后期女性歌人相模在《后拾遗和歌集》中留下了"无穷尽的爱恋之泪，正是七栗涌出的温泉吧"的咏叹。关于"七栗汤"的各种推测中，最有力的候选是榊原温泉（三重县）。

延长五年（927）上奏给天皇陛下的《延喜式》中，第九卷和第十卷的《神明帐》上记载了祭祀温泉神的射山（汤山）神社。自古以来，榊原温泉一带就属于一志郡（《倭名类聚抄》），这里也是向伊势神宫供奉榊[1]的御厨[2]所在地。在明治时代，一志郡中有七栗村，因为古时候有七座御厨集结于此形成神域，所以称为"七厨[3]"。

收录至镰仓后期的和歌集《夫木和歌抄》中，第二十六卷《杂八》中有一首平安后期贵族大纳言源经信的歌："一志的七栗

---

1 祭神时常用的常绿乔木，又称红淡比。

2 此处"御厨"指种栽皇室的食材或料理供奉神灵的食物的地方。

3 七厨日语读音为"ななくり"，与"七栗"相同。

汤是为了你才有的。听你说思恋他不已，我内心苦闷。"源经信在小仓百人一首中便已崭露头角。在经信以外，《夫木和歌抄》中还收录了另外一首吟咏"七栗汤"的歌："想那一志郡，郡内岩底激湍涌，喷涌不怠倦。七栗今日无聊赖，意趣权当在温泉。"作者应该是平安时代的，但是没有定论。七栗泉即榊原温泉原本的泉源地有一座出土了很多贝壳化石的贝石山（汤山），"无聊赖"中的"聊赖（かひ）"正是与贝壳的"贝（かひ）"谐音。

还有一种说法是把"七栗汤"当作"七苦离之汤"，也就是别所温泉（长野县）。这座起源于温泉灵场的古汤，其汤名是之后因循佛教教义所得。由平安时代的和歌"一志的七栗汤"可知，温泉所在地是可以确定的。第二首和歌中也出现了当地的泉源名称，所以说榊原温泉在一志应该是妥当的。

变为歌枕[1]的温泉

如此，从平安时代的和歌集开始，温泉作为名胜的地位逐渐巩固，还出现了以温泉作歌枕的潮流。继《古今和歌集》《后

---

1 和歌中出现的地名，因诗歌中特定的感情背景变得出名后，后人再使用这些地名时，会被理解成约定俗成的含义。

撰和歌集》之后，一条天皇时代（986~1011）诞生了"敕撰三代
集"的最后一集《拾遗和歌集》。其中《物名》一卷中有几句和
歌把"犬养御汤""名取御汤""三函御汤"三个温泉名藏入了
词书及歌词之中[1]：

"小鸟虽为雏鸟，却已振翅离巢，巢中之卵，未曾孵化。"

"不清楚啊，那片云去向何处，真想看一看。鸟群飞过，遮
住了它的路径。"

"未获满足就离开的人啊，说来，是否就住在这山的对
面呢。"

其中词书为"名取御汤"的和歌作者是由皇族降为臣民的
平兼盛。御汤二字是否意味着为皇族专用呢？歌枕"名取御汤"
应是陆奥国名取郡的秋保温泉（宫城县仙台市）。

暗含"犬养御汤"和"三函御汤"的两首和歌却不知其
歌人。更早先的和歌里也没有找到这两处温泉，在《倭名类聚
抄》中也找不到对应的郡或乡名。"三函御汤"（"三函"读作

1　日语文字游戏。原文如下:「鳥の子は　まだ雛ながら　たち去ぬ　かひの見ゆるは　巣守なり
けり」「覚束な　雲のかよひ路　見てしがな　鳥のみ往けば　跡はかもなし」「あかずして
別なる人の　すむ里は　さはこの見ゆる　山のあたたか」其中「いぬかひのみゆ」「なとり
のみゆ」「さはこのみゆ」即为三处温泉名。和歌巧妙地借用温泉读音，无缝衔接前后句内容。

sawako）可以推定为有"佐波古"这一地名，内有《延喜式神名帐》所记载的温泉神社的盘城汤本温泉（福岛县），"御汤"二字则由来不详。

应顺德天皇之命，镰仓初期的歌学著作《八云御抄》将成为歌枕的温泉进行了总结。

其中第五卷《名所部》中列出了九处温泉，分别是"阿里之汤[1]""有马温泉""七栗温泉""信浓御汤""伊予之汤""那须之汤""名取御汤""鹤间之汤""犬养御汤"。以手抄本上一部分注脚来看，可以说除了"阿里之汤"（汤河原）和"那须之汤"（那须汤本）外，都以歌枕的形式留下了记录。

"鹤间之汤"是"束间之汤"的误传，再加上"信浓御汤"和"犬养御汤"，这三处都是信浓国的温泉。"束间之汤"就是《日本书纪》中记载的束间温汤，也就是现在的美之原温泉。应德三年（1086）成书的《后拾遗和歌集》中有如下词书："修理大夫惟正任信浓守时，与之下乡见束间之汤有感。"词书下是三十六歌仙之一的源重之吟诵的和歌："泉涌如白线，浴槽框上

1　此处为"あしかりのゆ"，因没有与其对应的固定汉字，姑以"阿里之汤"表示。

密密挂，似疗养浴客，络绎不绝声鼎沸。"由此可知，歌中"如白线"的温泉就是束间之汤。

束间之汤是天武天皇计划行幸的温泉，御汤之名倒也名副其实，"信浓御汤"就是它的另一种称呼吧。剩下一个"犬养御汤"，应该是地方上的温泉，是古代设在各国的"犬养部"这一名称的遗痕。美之原温泉所在的松本市有一处地名叫作"犬饲新田"。再联想到歌中所说的"御汤"，这是否也是束间温泉的另一个称呼呢？

也有人说现在的别所温泉和野泽温泉是"犬养御汤"。野泽是温泉在明治时代由共用大浴池"大汤（惣汤）"改建过来时，当时的县知事安上去的名字。县知事借用了作为歌枕的"犬养御汤"的名字，所以这是后起的，与古代的"犬养御汤"没有关系。

2　人们对温泉的态度：既是地狱也是极乐世界

《今昔物语集》中温泉的地狱属性与极乐属性

《今昔物语集》是完成于平安后期的说话集。其中第十四卷中有"修行僧至越中立山，见年轻女人""越中国书生妻子，死后堕入立山地狱"两句话，而第十七卷中有"坠入越中立山地狱之女，承蒙地藏相助"这样关于立山地狱的记述。

那里热泉喷溅、地狱般的可怕模样被记录下来："谷间有成百上千温泉，自深穴中涌出……热气喷薄，近看极恐。""自古以来……日本国人，犯下罪恶便多以坠入立山地狱收场。"

越中国（富山县）的立山地狱（地狱谷）高度为2300米，是日本涌泉地貌中最高的一处，泉质上属于硫化氢泉（硫黄泉）。自然涌出的热泉虽有限，水蒸气和喷气温泉亦可以营造出温泉，分配给周边旅舍。其中的三缲池温泉海拔2400米，是可以远眺立山连峰的日本最高温泉。

人们相信背负罪恶的人死后会坠入立山地狱，每段传说往往都变成了僧人供养坠入立山地狱的人或者亲人的故事。实际上地狱谷是会喷出火山气体和硫化氢气体的危险地方。热泉沸沸扬扬，热气蒸腾，不能靠近。这种氛围让人联想到站在锅沿上，一旦掉入就会被煮熟的地狱景观。

在日本有许多高温的火山温泉。《丰后国风土记》中记录的温泉喷涌现象时有发生，喷涌时极为恐怖。因为没法靠近，也就

图 2-2 立山地狱谷

不能泡澡，倒是让人联想到了折磨人的地狱。立山地狱成为佛教用来宣扬因果报应，或说明积善行德可以减轻地狱痛苦的现成材料，成为一大灵场。超常的温泉涌出现象助长了人们畏惧害怕温泉的心理。

虽然在平安时代的文献中没有出现过，但与立山齐名的是下北半岛的恐山。那里也被认作灵场，也有温泉涌出，也可以让人们一瞥地狱场面。恐山的开山祖师据传是平安前期的天台宗第三代座主、慈觉大师圆仁，开山之时，正是山林修行僧的行场、灵场建立兴盛之时。《今昔物语集》中还有其他一些与温泉有关的很有趣的故事。比如第十九卷中的《信浓国王藤观音出家》。

故事中"信浓国某某郡有一某某汤"，温泉名字辨认不出，但是诞生于镰仓初期的《宇治拾遗物语》上记载了同一个故事，非常明确地标示着"信浓国筑摩汤观音沐浴之事"。也就是说这个故事发生在自古以"束间（筑摩）[1]温汤"之名为人所知的美之原温泉。

1　日语中"束间"与"筑摩"发音相同。

以"药汤"闻名遐迩的温泉地有一位当地人，做梦梦见别人告诉自己说"明日正午观音来洗浴"。梦中他还得知了观音的模样，于是向乡人传达了这件事。因此温泉场人流如织，有来换温泉水的，有来打扫四周环境的，有来拉注连绳的，有来供奉香花的，人们都在等待观音的到来。这时，与梦中模样十分相似的男人过来了，于是乡人一个劲地礼拜。被错当成观音的男人仿佛感受到了命运，毅然出家，成为一名法师。打扫干净、献上香花，连观音都来访的这一处"药汤"温泉，像极了展现在人世间的极乐世界。

从死者会坠入的地狱般的温泉，到与其极端对立的现实极乐之中的温泉场，《今昔物语集》生动地描绘出了当事人们对于温泉多种多样的态度。

参拜熊野三山的汤垢离浴场与石山寺的斋戒沐浴屋

对平安时代的贵族而言，参拜以熊野三山为首的各大寺社，也给他们创造了与温泉相遇的机会。

吉野山（金峰山）是纪伊半岛深山的北边入口，从此处开始贯穿大峰山脉直到南边的熊野三山都是山林修行之地，也就是灵场。熊野占据了包括海边"牟娄温汤"在内的广阔的古代牟娄郡（和歌山县和三重县西南）的一角。熊野三山是汇集了山岳信仰和往来于熊野滩的海洋之民信仰的两方信徒的圣地。

法皇、上皇、女院的熊野参拜始于延喜七年（907）的宇多法皇时期。10世纪即将结束时，花山法皇接过接力棒，在平安后期至镰仓时代这个过渡阶段将熊野参拜推向鼎盛。平安后期的历史物语《荣花物语》在第三卷中这样记录花山法皇的熊野参拜："花山院去年冬日在山上受戒，其后参拜熊野……"

熊野本宫是熊野三山的中心，熊野本宫附近有可以净身和褪去疲惫的汤垢离浴场汤之峰温泉。世界文化遗产"纪伊山地的灵场和参拜道"的组成部分之一就是熊野参拜道的"中边路"，是日本首个登录世界遗产的温泉地。守护当地温泉的是东光寺，其本尊是汤之胸药师。东光寺里有一个由温泉成分碳酸钙堆积而成的喷泉塔，经年累月成了药师如来的样子，是秘佛的御神体。想来，温泉名也是取自此。

右大臣藤原宗忠体验过这处汤垢离浴场。天仁二年（1109）

十一月一日，藤原宗忠乘小舟在熊野川逆流而上，入熊野本宫的宿坊休息后，爬上山坡向汤之峰温泉走去。他在有泉源口的"汤屋"（壶汤）入浴，小河谷底涌上的热泉里加入"寒水"，就可以将水温调节到绝妙的温度。宗忠在自己的日记《中右记》中记录下了当时的感恩与激动之情："真是稀有。这一定是神灵应验。入此泉泡澡定能消除万病。"效果立现，宗忠得以活到 80 虚岁的高寿。

在平安时代，参拜寺社也可以遇见温泉。从琵琶湖分流出的濑田川的西岸，耸立着岩山信仰的圣地，同时也是因观音灵场名声大振的石山寺（滋贺县大津市）。王朝文学中著名的才女名媛，比如紫式部、《蜻蛉日记》的作者藤原道纲之母、《更级日记》的作者菅原孝标之女，应该都在这里泡过澡。

石山寺内的岩山是由石灰岩与从地下冒出的花岗岩接触后经过热变质作用形成的硅灰石堆积而成的，硅灰石是大理石的一种。一般而言，花岗岩地带的岩石中所含的氡会更容易在水中析出，更容易喷涌冷的放射性泉水。

这里的本尊是如意轮观音，很多有烦心事或有想实现的愿望的女性会来参拜。紫式部也来参拜过，闭居寺院七日，她在这段时间用来构思《源氏物语》的那间屋子被保存了下来。另外，《更级日记》中写道："日暮抵达参拜地，入斋屋[1]后上佛堂……"《蜻蛉日记》中也有关于参拜的描述："斋屋铺有草席，行至一旁卧下……入夜，沐浴上佛堂……堂高，俯视见山谷……俯视，山脚处泉如明镜。"

闭居寺院的参拜者会在闭关前先去斋屋，斋屋在与濑田川相反方向的岩山山谷处，沐浴也是一种修行。另外，在山谷底见到的镜面般的"泉"也被记录了下来。后来的《石山寺缘起》里，也描写了这一眼名叫"龙穴"的泉水，水澄澈，被视作"往昔灵池"的泉池中聚满了从龙穴洞里涌出的泉水。斋屋及阏伽井应该用的都是这眼泉水。

昭和三十年代，这眼涌泉中富含的氡元素获得认证，被命名为石山温泉。虽然紫式部等当年的参拜者不知道这件事，但得益于在这间斋屋里的沐浴，他们应该也体验到了放射性温泉带来的镇静效果，也进一步深化了观音信仰吧。

1　为了让参拜者斋戒沐浴，而在寺舍一隅修建的休息处。

3 温泉之神守护的温泉地

《延喜式神名帐》中记录的温泉之神

平安时代的《延喜式神名帐》第一次公开了全国的神社一览表，被称作延喜式内社。温泉神社、汤神社、汤泉神社、御汤神社等与温泉相关的神社也位列其中。通过温泉神社所在的地方反过来可以知道温泉地的位置。神社名中有一些乍看根本不知道是温泉神社的社名，比如前面提及的榊原温泉的射山神社和汤田川温泉的由豆佐卖神社。全日本少说也有十处温泉神社可以从这里得到确认（表2-1）。

同时代的《倭名类聚抄》记录了"巨浓郡岩井乡"里的岩井温泉（鸟取县岩美町）和汤田川温泉，能从中重新了解这些古汤也是令人欣喜的。《神名帐》只记录了神社的名字。因为神社名就能体现其中奉祀的神，所以没有必要再写一遍神灵的名字。温泉神社就是祭祀温泉（温汤、汤泉、汤）神的神社，与温泉神的本质息息相关。在原本就祭祀的温泉神之外，温泉神社里还会有一些新来的祭神名，比如大国主命，这些是相殿神[1]。

---

1 一座神社中主祭神以外的合祀神。

表2-1　《延喜式神名帐》上的温泉神社

温泉神社名	温泉所在地（县名）
由豆佐卖神社	汤田川（山形县）
温泉神社	鸣子（宫城县）
温泉石神社	川渡（宫城县）
温泉神社	磐城汤本（福岛县）
温泉神社	那须汤本（栃木县）
射山神社	榊原（三重县）
汤泉神社	有马（兵库县）
御汤神社	岩井（鸟取县）
玉作汤神社	玉造（岛根县）
汤神社	道后（爱媛县）

　　《延喜式神名帐》上记录的虽然是最早的正式一览表，但称不上是关于温泉神社最早的记录。《出云国风土记》的意宇郡神社一览表上就以"玉作汤社"的名字留下了有关玉作汤神社的记录。仁多郡神社一览表上的"漆仁社"是被叫作漆仁之汤的（出云）汤村温泉的神社，坐落于临近泉源岸上的汤船山上。江户时代，漆仁社被叫作"汤布祢大明神"（《出云神社巡拜记》），明治四十年（1907）时与其他神社合殿，改称温泉神社。也就是说，也存在未记入《延喜式神名帐》的温泉神社。

接着，让我们来看一下在《延喜式神名帐》之前，这些温泉神社是什么样的状态。《古事记》《日本书纪》上虽然记载了很多神灵，但是作为一个出温泉的国家，竟然没有留下关于温泉神社的记录。《续日本纪》以及在承和七年（840）完成的第三部国史《日本后纪》[1]中也没有相关记载。当然，不是说没有记录就不存在。终于，在第四部国史《续日本后纪》[2]承和四年（837）的记载中出现了前述的"玉造塞温泉石神"，这也是温泉之神在国史上的首次登场。

被授予神阶的温泉神

得益于国史的记载，全国主要神灵所在地逐步明确，与此同时，温泉之神也和人一样开始接受位阶（神阶），地位逐步上升。

比如，在第六部国史《日本三代实录》贞观二年（860）二月八日的记载上留下了"肥前国从五位温泉神"的神阶升至从五位上的记录。也就是《肥前国风土记》上记载的云仙温泉神。一般认为，云仙温泉神始于云仙岳的山岳信仰与山中热泉信仰的结

---

1 平安时代初期的敕撰史书。完成于承和七年（840），记录了延历十一年（792）至天长十年（833）42年间的历史。

2 平安时代的历史书。记录了天长十年（833）至嘉祥三年（850）18年间的历史。

合。不知是否因为其后来成了神佛习合的大乘院满明寺的神灵，云仙温泉神是《延喜式神名帐》上没有记录的温泉神之一。明治维新时颁布神佛分离令之后，云仙温泉于大正五年（1916）更名为温泉神社。

《日本三代实录》中，下一条记载是贞观五年（863）十月七日向"下野国从五位上勋五等温泉神"授予从四位下神阶，同月二十九日向陆奥国四柱神授予从五位下神阶。在这一系列授予神阶的记录中，"小结温泉神"出现了。"下野国温泉神"是延喜式内社那须汤本温泉的温泉神。因为异常灵验，于贞观十一年（869）二月二十八日神阶被提升至从四位上。神阶的上升让人们对它的崇拜也与日俱增。日后源平合战中，源义经从奥州前往镰仓谒见时，在拦路的白河关处告知守关人是去"参拜那须汤"，即被准予通行。《平家物语》中记录了那须与一在屋岛合战中射中平家舟上之扇这一大快人心的举动，其时他曾向"那须温泉大明神"许愿。在那须郡一带，那须汤本温泉神社神威凛然，到了有人请愿希望开分社的地步。

陆奥国的"小结温泉神"则是首次出现的温泉地的神。在宽平九年（897）九月七日授予陆奥国各神神阶时，将"安达岭……从五位下小阳日温泉神"的神阶升至"正五位下"，平安后期的历史书《日本纪略》中记录了这件事。这个"小阳日温泉神"就是"小结温泉神"，"小结"与"小阳日"的读音相同。可以认为此处就是岳温泉（福岛县二本松市）的泉源地，也就是温泉发祥之地的安达岭（安达太良山）山腹处的元岳温泉。直到江户中期，元岳温泉都被叫作汤日温泉，应该也是因为"小阳日"的遗留影响吧。

前述《日本三代实录》在贞观十五年（873）六月二十六日这一天，有如下记录："授予出羽国正六位上醋川温泉神五位下之神阶。""醋川"的意思是强酸性泉形成的温泉川，指藏王温泉（山形县山形市）的醋川温泉神社。这一处也没有进入《延喜式神名帐》，但是神阶有了提升。

温泉神的变迁与女神

汤田川温泉由豆佐卖神社的"由"取自《倭名类聚抄》，"温泉，一称汤泉（ゆ），和名为由（ゆ）"。所谓的"由豆佐卖"，指的就是祭祀泉源女神由豆佐姬的神社。在古代凯尔特社会，涌泉、温泉的女神很普遍，但是由豆佐姬是日本温泉文化史上唯一的女神，是个闪亮的存在。另外，日奈久温泉（熊本县）的温泉神社创立于中世，祭祀的是记纪神话中的女神市杵岛姬命。有说法认为这位女神和河与水的女神弁才天是同一位，但她终究不是泉源或温泉之神。

由豆佐卖神社原本祭祀的由豆佐姬不知什么时候被换成了记纪神话中的女神沟咋姬命。随后，又发展成以沟咋姬命为主神，以后述的少彦名命（宿奈毗古那命）与大己贵命（大穴持命、大国主命）两位神灵为陪神的形式。温泉神社也经历了这样的变迁。其中之一就是祭祀神体的变迁。

磐城汤本温泉的温泉神社原本是以温泉涌出源的汤之岳（汤岳，别称佐波古岳）为神体。因此，起初神社坐落在汤之岳的山腰上。后来移到山下，作为里宫（山脚处村里的神社）坐镇山脚，祭祀少彦名命（《磐城汤本温泉记》）。再之后，共同祭祀大己贵命，成为二神并祭的形式。

榊原温泉的射山神社原本也是以喷涌温泉的汤山（贝石山）为神体，祭祀汤明神的神社则坐落在半山腰上。安土桃山时代因为当地的榊原氏没落，同时也是地方守护神的汤明神神社被移到了汤濑川右岸的汤山遥拜地。不过，不知是否因为那个时代地震导致的断层变化，泉源位置也有了变化，据说喷涌位置移到了神社背后的河岸上（《温泉由来记》）。所以也可以理解为祭祀汤明神的神社搬到了泉源所在地。江户时代的《榊原汤山图》上，泉源地"汤所"处画了射山神社，标记了"温泉大明神"。此外大己贵命和少彦名命两位与汤明神被视作同一神灵，此后也成为这里的祭神。

岩井温泉的御汤神社变成式内社[1]之后，在守护泉源井的温泉之神御井神以外，又加入大己贵命、八上姬命、猿田彦命，四神并立。八上姬命是出云神话中的女神，是大己贵命的妻子，因为与当地因幡国的缘分，而被加入祭神之列。

在玉造温泉的玉作汤神社，不知从何时起，栉明玉神、大己贵命、少彦名命三神开始并列。栉明玉神是玉造部的祖神，同时代理当地温泉之神的任务，所以栉明玉神是主神，另外两位是辅佐神。也就是说，出自出云神话的大己贵命并不是出云温泉地唯一绝对的温泉之神。

1　指《延喜式神名帐》中记录的神社。

在有马的温泉神社，也是大己贵命、少彦名命、熊野久须美命三神并立。记纪神话中的熊野久须美命是熊野三山那智大社的祭神，起初是在山岳信仰的背景下与神佛习合的熊野信仰相关的神灵。那须汤本的温泉神社，此后开始祭祀大己贵命、少彦名命、誉田别命三神。誉田别命是应神天皇的别名，也被叫作八幡大神。武家，尤其是源氏笃信的八幡信仰，与"那须温泉大明神"结合，被共同祭祀，备受世人崇拜。

后来居上的温泉神：少彦名命与大己贵命

时至今日，人们认为温泉神社中的祭神以大己贵命与少彦名命为代表。但是这两位神灵起初并不是由温泉神社祭祀的。毕竟在提到很多神灵的记纪神话中，温泉之神并未出场。

这两位神灵是《古事记》中围绕国家建立而展开的出云神话的主角。但是，无论是在提及出云国温泉并且记录了玉作汤社和漆仁社等温泉神社的《出云国风土记》，还是在其他古风土记中，都没有出现温泉之神。负责祭祀的斋部氏（也作忌部）的斋部广成在大同二年（807）进献的历史书《古语拾遗》中也同样没有出现。由《日本书纪》开始的六国史里，温泉之神的首次登场要等到第四部《续日本后纪》，但是二神并没有与温泉产生关联。如前述，《延喜式神名帐》也是如此。

二神与温泉产生关联不是在古风土记中，而是在一篇《伊予国风土记》的逸文中。这篇文章也收录进了镰仓时代僧人仙觉进献给后嵯峨天皇的《万叶集抄》与卜部兼方的《释日本纪》之中。收录者自然会对文章内容进行取舍，其中的见解很有可能反映了古风土记时代之后广泛流传的言论。

以"伊予国风土记有言……"开篇的四篇断章中，有一篇题为《汤郡》，其中出现了二神与温泉相关的内容。这样的记载催生了将这两位神灵推上温泉神主角地位进行祭祀的习惯。但是，问题在于这里的几处要点被翻译成现代语言之后，产生了一处误译。

"大穴持命，见悔耻而，宿奈毗古那命，欲活而"，这句原文中的"见"是汉字"被"的意思，此处是被动式，因为动词"见"的误译，造成了大穴持命与宿奈毗古那命主客颠倒的致命性错误。

如果我们把这一部分正确地翻译成现代语言，就是"大穴持命备受侮辱，神志错乱。宿奈毗古那命想要救他，便拿水管取来了大分速见温泉的水，给大穴持命沐浴，片刻之后，大穴持命清醒过来。然而大穴持命却说：'刚才不过是小睡而已。'（大穴持命）当时大叫着踩过的痕迹现在仍然留在温泉中的岩石之上。"

然而，如果把"见悔耻"的"见"理解为动词，就会错译成"大穴持命见到（宿奈毗古那命）的耻辱悔恨便想要救他……"接下来就成了"给宿奈毗古那命沐浴，宿奈毗古那命终于清醒过来……"救人者（主语）就变成了大穴持命，因神志错乱而被救、在温泉沐浴之后方才苏醒过来的就变成了宿奈毗古那命。

这样一来，《日本书纪》曾经记述过的那一位被大穴持命玩弄于鼓掌之间、一阵风就能轻易吹跑的宿奈毗古那命，在苏醒以后不仅人叫着踩在石头上，还留下了足痕，这是一个不可能的故事，是误译。由于这个故事必须是在如名字一样力大无穷的大穴持命身上才能发生的事，甚至还出现了修正版的误译："（宿奈毗古那命苏醒以后，）兴奋异常的大穴持命踏在石头上……"（《豫州道后温泉由来记》，1882）

出云神话中的大穴持命（大国主命）是一个不断被打垮，

又不断在别人的帮助下重新振作的具有浓厚英雄色彩的神明。前面那句话中的"大穴持命备受侮辱",虽未提及理由,但这是意在描述他那英雄一般的重振过程。此处,帮助他振作起来的宿奈毗古那命和温泉是关键。

从这篇文章也可以知道大穴持命(大己贵命)不是主角,主角是宿奈毗古那命(少彦名命),后者更适合当温泉神。《日本书纪》中有"定方疗病"的记载,正是在这些温泉疗愈的故事中,两位神灵登上温泉世界的舞台。人们期望神灵可以普救生命于疾患中。人们对有疗养作用的温泉抱有感谢之情,负责温泉疗养的神进入孕育了温泉信仰的温泉之神的神社,后来居上被众人祭祀,成为温泉神社的主要祭神。可以说,这种主神的变化,代表着人们愈发期待温泉带来的治愈力了。

4 "汤治"一词的出现

关于温泉疗养及其效用的表述

在描述平安贵族以疗养为目的前往温泉的记录中,"汤治"

一词还很鲜见。因为这个时代，"汤治"一词还未出现，就算有些场合使用也与温泉没有直接的关系。

　　这与汉字的本源相关。毋庸赘言，公元前的中国典籍中没有这个词，就是在6世纪初"疗疾""可治百病""愈百病""多愈"等表示温泉疗效的词频出的《水经注》中，也还是没有"汤治"一词，因而更不可能有"汤治"一词传入日本一说。汉字学者简野道明在汉和辞典"汤"的词条中，举了"汤治"的例子，对该词给出的说明是："温泉入浴，治疗疾病。"我们认为这个词应该是只在日本通用的训读单词，"汤治"是国字（日语中特有的汉字词）（《增补字源》）。

　　事实上，在平安时代以前又是怎么表达温泉的疗法与效用的呢?《日本书纪》对有间皇子去牟娄温汤的记述为"疗病"。这里的"疗病"，还有《出云国风土记》里有名的"万病悉除"都是前面提及的中国的"疗疾""可治百病""愈百病"等在日语中的应用。

　　在平安时代藤原明衡编著的《本朝文萃》的奏折中，第六卷长德二年（996）正月二十一日的记录是"为加汤疗，暂向西海之温泉"。"汤疗"表示的是泡温泉的目的与效用。权大纳言藤原行成的日记《权记》里面长德四年（998）三月二十一日弹正忠[1]藤原右贤提交的申请上写着："罢黜下放至信浓国温泉，以治身病与状。"在其他一些地方也使用了"治身病"这样的表达，表示的就是温泉疗养之旅的目的了。

"汤治"这个词依旧没有出现。辞书中也一样没有，平安中期的《倭名类聚抄》中卷一水部中"温泉"一项写的是"入温泉则百病久病多可治愈"。在平安末期完成的辞典《色叶字类抄》（二卷本与三卷本）中也是这样。

等到临近平安后期，"汤治"一词终于出现在了贵族日记之中。前述《权记》中记载了长保元年（999）七月九日，少将藤原成房的病痛苦恼有所缓解的事情，文中的表述是"汤治应验"。藤原资房在日记《春记》中长历三年（1039）十月五日提到，自己的身体状况不佳，饮药，"或汤治"。同年十一月十九日也有这样的记载："终日，汤治。经长、资高、资仲，同沐浴。"贵族邸内主要把用热水洗澡的行为称作"汤治"。每一条都与《权记》中一样，没有与温泉扯上关系。

---

1 相当于古代中国官职"御史"。

温泉汤治和贵族社会的温泉交友

平安贵族很用心地安排了各种汤治，有热水浴和放了药草的药浴，以及将海水搬入自家府邸内用作沐浴的潮浴。当然，起初去温泉是为了疗养，在旅途中得以转换心情，收获情绪上养分的事情也时而有之。其中也有一些朝廷贵族特意提出要与最高权力者一同前往温泉。万寿元年（1024）十月二十四日，右大臣藤原实资在日记《小右记》中写下"明日藤原道长到有马温泉去"之后，又批判随从藤原道长同去的全体大纳言和中纳言[1]们，说他们"阿谀逢迎"。藤原实资接着义正词严地说："大纳言齐信卿借口说（藤原道长）是'去治疗风病'，倘真是因治病去有马，断没有必要带这么多人，弄这么大排场。自己一个人去温泉，效验最好。"

那么，到此时为止在讲温泉疗养时尚未出现的"汤治"一词，到底是何时才开始与温泉有关的呢？

《玉叶》是曾担任过摄政、关白之职的九条兼实自平安末期起近 40 年间的日记。他于安元元年（1175）十月十日的日记

1　大纳言与中纳言均为朝廷官位，一般位列公卿（三位以上），地位极高。

中写道："长光朝臣近日为'汤治'前往纪伊国一个有名的地方（温泉），但今天传来消息说，本月三日他在高野山出家了。"九条兼实后面又写："实在是悲哀之至啊，尚来不及当个'汤殿儒'（宫中御汤殿的读书儒生）报答圣上洪恩，竟然遁入空门。"言语之间尽是对长光朝臣的同情之意。

这里提到的纪伊国有名的温泉，只可能是早在《日本书纪》《万叶集》《续日本纪》中就以牟娄温泉、纪温泉、武漏温汤之名出现的温泉（白滨温泉）。这里出现的"汤治"一词，很显然就是指在纪伊国温泉疗养。在文治二年（1186）八月二十六日的《玉叶》中也写道："兼忠因病，到有间（有马）去汤治。"记述了身患疾病的兼忠到有马温泉疗养（汤治）的逸事。

此后，到了镰仓时代，"汤治"这个词越发变得和温泉紧密相关。不只是去温泉地疗养，还出现了从当地汲取温泉水搬运到自家或别墅里使用的"温泉快递"。不去温泉地也能享受温泉疗养的气氛，这可是除了身居高位的贵族之外旁人无缘得享的特权。

《新古今和歌集》和《小仓百人一首》的编纂者藤原定家的日记《明月记》中，宽喜三年（1231）九月十一日写道："内府（内大臣九条道家）今日惯例行事去水田（大阪府吹田市）别邸。虽言汤治，不过名目，本意唯游乐。"以此来痛斥内大臣道家。道家曾经与其丈人太正大臣西园寺公经一起站在公家社会的顶端。八月三十日还有另一条没好气的记录，说那位太政大臣放弃了原本去汤山（有马温泉）的计划，和道家一起去往水田的别邸，往那里运送有马的温泉，甚至暴露了"每天用牛车运两百桶有马温泉"的内情。从中我们可以了解到，贵族们的温泉汤治中，疗养只是个名头，游乐目的不断增长的时代已经到来。

5　支撑镰仓幕府建立的走汤

地名诉说的温泉故事

温泉史就这样在平安镰仓时代前后开启了。本章终节轮到讲述配得上终节位置的伊豆山温泉（静冈县热海市），又被称作走汤。走汤，以及包含下一章将会登场的热海温泉在内的地区在古时候都有什么样的地名，将和温泉神社的存在一起，成为掌握温泉位置的重要线索。

《倭名类聚抄》是提供线索的史料之一，从中由郡名可以知道所在地的温泉是伊予国"温泉郡"的道后温泉。从乡名可以知道所在地的温泉则有三处：但马国二方郡"温泉乡"（兵库县汤村温泉），石见国迩摩郡"温泉乡"（岛根县温泉津温泉）和肥后国山鹿郡"温泉乡"（熊本县山鹿温泉）。这也是这些地方从古至今温泉源源不断的佐证。这三处温泉地经过了一千年以上，汤村和温泉津都还保持着可以自然喷涌出高温泉水的状态，山鹿温泉水量丰富，号称"山鹿千轩无穷尽"。就这样，紧接着平安时代的城崎和岩井之后，汤村、温泉津这些名泉开始登场，虽然数量不多，但是水质优于日本海与山阴地区的温泉。

古代，乡的界限不明确，与走汤（伊豆山温泉）相邻的热海温泉地区属伊豆国田方郡，同郡有 13 个乡名登记在册，其中值得注意的是"直见"。"直"与"值"是同系汉字，都可以读作"atai"。古代的伊豆国造[1]被赐姓日下部直（《静冈县史 资料篇 4》"伊豆宿系图祢"），其中的"直"也读作"atai"。《倭名类

1　国造，日本古代官名。掌握着所辖地区的军事权和审判权。

图 2-3　豆山走汤泉源遗迹

聚抄》的郡乡名中出现的"直"也是同样的发音，和泉国和泉郡"山直"乡最初读作"yama atai"，后来才变成了训注读音"yama tae"。

在看温泉地名时可以让我们参考的，是别府古代地名（的命名方式）。别府地区从古代起，就有高温泉水一直喷涌到海边，《倭名类聚抄》记录的速见郡朝见乡就属于其中之一。朝见乡在《续日本纪》宝龟三年（772）十月词条中被写作"敌见乡"，当时叫作"atami"或"adami"。因为不喜欢"敌"这个字，后来《倭名类聚抄》中用"朝"代替。热水与热海通常正是读作"atami"。

热海温泉一带有一个传言，因为热泉从海里涌出，所以鱼都死光了。关于这一点，后述还会提及。要用汉字来标记这样的地方，正巧合适的就是"热海"两字了。如果这样的地方是"直见"乡，那么别府也应该同样读作"atami"乡。事实上，"直见"乡在镰仓初期被写作"阿多美（安多美）"乡。从古时候的地名中，我们可以看到这少数几个有着特异喷涌现象的温泉地区的故事。

走汤信仰的灵场：伊豆山温泉

伊豆山温泉与占据热海城市中心的热海温泉的北侧沿海部分相邻。伊豆山温泉的发祥地就是"走汤"。古代人觉得从海岸的岩崖洞窟开始向海边奔流喷涌的温泉非常奇异，对这种现象抱有敬畏之感，也就培养起了温泉信仰之一的走汤信仰。伊豆山自箱根连绵而来，直逼海岸。在这过程中还形成了对日金山火山的山岳信仰，与相模湾一带常见的来自海外的信仰相融合，使得身为温泉灵场的走汤之地（走汤山、伊豆山）也成为神佛习合的走汤权现（后伊豆神社）的一大灵场。修行僧及山岳修验者聚集于此，形成了独属走汤权现的神域，具备可以独立于朝廷及当地武士之外的力量。

平安时代的文学作品中出现了走汤。前面说过的"七栗之汤"中的女性歌人相模于治安三年（1023）正月参拜走汤权现，将百首歌敬献于此。这是吟诵走汤权现的第一例（《热海温泉志》）。平安中后期藤原明衡的《新猿乐记》里面也出现了山林修行者修行地之一的"伊豆走汤"。对于这里的评价更高的是平安末期的后白河法皇。在他编著的今样歌谣集《梁尘秘抄》中有"四方灵验所，伊豆走汤、信浓户隐、骏河富士山……"的句子，也就是说他在全国的灵验之地中把"伊豆走汤"列在了第一位。

遗迹与出土物中的温泉史物证虽然不多，但是走汤是个例外。伊豆山神社的男神立像被认为是走汤权现神像，据说其制作年代可以追溯至10世纪后期到11世纪之间（《热海温泉志》）。伊豆山神社本殿的背后还发现了埋藏手抄经典的经冢以及作为收纳容器的经筒（《热海温泉志》）。写着"永久五年（1117）"铭文的青铜经筒，是年代久远的老古董。这些神像和出土物，可以证明在平安时代，走汤以及伊豆山就已经是著名灵场了。

另外，在《延喜式神明帐》的伊豆国田方郡二四座中，没有记载与走汤权现相关的社名。这也是《神明帐》并没有完全列出当时存在的神社的事例之一，可能是因为走汤权现是神与本地佛发生神佛习合后形成的复杂的神社。

走汤的开汤传承与源赖朝起兵

关于走汤是什么时候开汤的，没有找到平安时代以前的记录，可供参考的是《走汤山缘起》(以下略称《缘起》)。《缘起》有好几种流传版本，最常见的是五卷本，据说是从南北朝[1]以前的镰仓时代流传下来的(《热海温泉志》)。从中我们可以整理出与温泉和开汤时间相关的三个要点：

第一，有神镜出现在相模海岸，松叶仙人祭祀它，许下想让温泉涌出的愿望。于是温泉在日金山顶奔涌，最后从洞窟涌出。神镜是与高丽国温泉有关的温泉之神。

第二，走汤权现为其神号。金地仙人在灵汤中沐浴。被流放到伊豆大岛的役小角后来也来到走汤之滨，于灵汤沐浴。

1　此处指日本历史上的南北朝时代，在镰仓时代之后，室町时代之前，约为1336年至1392年。

　　第三，仁明天皇承和三年（836）出生于甲斐国的贤安法师与走汤权现的复兴有关。

　　根据《缘起》记述，我们知道走汤也不是自太古以来于同一处地方间歇不断喷涌的。"天平胜宝年中……当山震动……温泉沸出"，"当山鸣动"后温泉枯竭。后来又有"弘仁元年（810）二月……温泉处处喷涌"，因地震等影响导致温泉枯竭或喷涌，这种变化实在令人兴味盎然。

　　《缘起》总结了温泉喷涌的一些变化，而关于走汤的开汤时期，从《伊吕波字类抄》（十卷本）里关于"伊豆山"的描述（"伊部·诸寺"），以及南北朝时期成书的安居院所著《神道集》中关于"二所权现事"的记述来看，我们可以发现一点：平安初期承和三年（836）甲斐国修行者、下层僧侣贤安，与走汤的开汤或复兴有关。

　　就这样，作为平安末期全国屈指可数的灵场，走汤山得以确保其独立性。在治承四年（1180），以仁王下令追讨平氏，支持源赖朝崛起。但以仁王和源赖朝的举兵很快被镇压，源赖朝被流放到伊豆半岛。在此地的还有亲近源氏的僧人，其中包括源赖朝敬仰的觉渊，是赖朝师父一样的人物，他帮助赖朝藏匿了妻子北条政子，借助在走汤山及箱根权现之间的人脉，从人才、物资补给、移动路线，以及信仰等精神方面为源赖朝在伊豆和关东南部的战役提供后援。温泉信仰的灵场发挥其避难所的特点，可以说在武家政权确立的最初过程中成为一大助力。

击败平氏的源赖朝，向走汤山布施田产，保证了其独立性，并开始参拜起承担了镰仓幕府宗教礼仪职责、为幕府做出贡献的走汤山与箱根权现，这就是"二所诣"。这样一来，走汤山集镰仓幕府与将军的崇敬于一身，走汤权现的领地也不断扩大。

三代将军源实朝在去走汤山参拜的时候，咏了一首歌称赞走汤："温泉之神，口称应允，灵验神迹，快快显灵。"（《金槐和歌集》）幕府对于走汤山的崇敬与布施使得走汤权现的领地不断扩大，也使得古时候与广义上的"atami"可能属同一个乡的伊豆山走汤，以及从这个时期开始轮廓逐渐明朗的狭义上的"atami"乡（热海温泉地区）成为支配与被支配的关系。关于这件事，下章详述。

第三章 箱根、热海、草津、别府的登场…

镰仓、室町时代

1 箱根的山峦与温泉

箱根权现与温泉开创

镰仓幕府的诞生给东日本的温泉登上历史舞台创造了绝好的机会。其中箱根是自古以来东海以西通往东国的要害之所。随着京都与镰仓、东国之间人们的往来越来越频繁，文献也开始详细介绍箱根了。

活跃的火山运动是箱根丰富的温泉资源的成因。箱根山的形成比较复杂，它是驹岳、神山、冠岳、二子山等火山口当中的中央火山丘。它的山体神秘，大涌谷、早云山、汤之花泽等喷气地带地狱一般的景观成为山岳信仰的对象，游方圣和被称作优婆塞[1]的山林修行者集中于此，孕育了神佛习合式的箱根权现

---

1 梵语音译，信士。

信仰。

　　箱根温泉史上最早的关键人物就是与箱根权现有关的游方圣。在前文已提到过的 16 世纪初的《熊野权现愿文》中讲到了他们，《熊野权现愿文》收录于箱根汤本的战国大名北条氏（后北条氏）建立的早云寺的文书中。其中说："奈良时代天平年间，白山开创者泰澄的弟子净定坊开创了汤本温泉。"箱根温泉东侧玄关处的汤本是最早开创的温泉。

　　另外，根据箱根权现（箱根神社）的起源记载，被视作中兴开山祖师的游方圣万卷上人"从常陆国鹿岛神宫来此，在箱根修行时，因有灵梦相告，于天平宝字元年（757）在芦之湖畔建立了寺院和灵庙，劝请箱根三所权现"（《箱根山缘起并序》）。也就是说汤本的开创和箱根权现社的营建几乎是同时代。这一时期，佛教在全国非常明显地兴盛起来，诸国的行脚僧们都在积极推进社会事业和修行场所的开发。而汤本的白山权现神社早已存在，是温泉的守护神之一，可以说白山信仰传入箱根的说法值得认可，其影响力最终结出了开创温泉这一果实。

　　白山的开创者泰澄，是一位引人注目的人物。根据 10 世纪中叶完成的《泰澄和尚传记》可知，泰澄是奈良时代的山岳修行僧，他不仅与加贺国（石川县）的温泉传承有关，还通过弟子与箱根温泉产生了关联。临济宗僧人虎关师练完成于元亨二年（1322）的佛教史籍《元亨释书》中也有很多这方面的记述。泰澄其人是否真实存在，颇有异说，但这一传记当中出现了被视作泰澄之师的道昭和尚，道昭和尚确有其人。传记描述的场所与背景都非常具体，颇具说服力。在越中国（富山县）寺院建寺的历史故事中，也有泰澄及其弟子净定的出场。

一般来说寺院或温泉的缘起都会攀附高僧的名望和权威，所以问题并不在于泰澄及其弟子是否确实与之相关。话题的核心应该是，信奉白山信仰的游方圣确实与箱根灵场及温泉的开发有关。得益于游方圣往来各地修行场所和灵场的活动，箱根创立了箱根权现信仰的据点神社。箱根汤本临近相模湾，是箱根的大门，游方圣们应该也曾在此停留。箱根同样具备了日后发展成为连接东海道诸国的交通要地及住宿地的条件，再加上这里还涌出了温泉。汤本正是足以自称为箱根温泉最早开创之处的温泉场所。

箱根权现愿文中提及的"灵泉"，是温泉名册中的汤本九号泉，指汤坂山东麓南侧温泉地熊野权现社下方的自然涌出温泉

（《箱根汤本·塔之泽温泉的历史与文化》）。虽然现在已经不是自然温泉了，这个"元泉"直到明治中期仍然是拥有一千年以上历史的汤本唯一的贵重泉源。

镰仓幕府的汤治场与汤本宿

根据仁治三年（1242）八月至十月从京都经东海道去镰仓的无名游人所著游记《东关纪行》记载，"住宿在汤本之地……离开宿地可达镰仓"。正如此处所述，汤本在镰仓时代前期已经有了可以留宿之地。还有其他史料可以让我们了解其作为温泉地出现的历史。镰仓末期成书的《曾我物语》真名本全部用汉字写就，其原初写本妙本寺本中记载，三浦氏家族出身的幕府实力派御家人[1]和田义盛带领孩子们，在"建久四年（1193）四月中旬""从伊豆安多美温泉出发，前往早河汤本温泉，而后返回三浦……"

奈良西大寺僧人睿尊[2]前去镰仓之时，其弟子性海编写的《关东往还记》记载弘长二年（1262）二月一行人参拜箱根权现，

1　与镰仓幕府将军结成主从关系的武士。

2　镰仓时代著名的真言律僧，在公共事业等方面颇有建树。

图 3-1　箱根汤本熊野权现社下的泉源地（《七汤风趣》）

翌日"在汤本吃午饭"。汤本不仅可以提供住宿，也可以提供餐饮和入浴服务，已经成为设施齐全的温泉宿场小镇。客人中还有前来温泉疗养的。箱根史学者岩崎宗纯根据传为镰仓后期武将的金泽贞将在一封书信（金泽文库文书）中有"为治病疗养，前去汤本"一句，指出汤本在镰仓时代已经具备了温泉疗养场所的功能（《箱根七汤：历史与文化》）。

　　关于箱根的主要道路，9 世纪初期因富士山喷火导致足柄路阻塞不通，于是顺着汤本温泉后方的汤坂山山峦而上的汤坂路就登上了历史舞台，这是一条险峻但路程较短的路。对旅人而言，因为有这样的艰难险阻，温泉住宿地汤本的存在价值也增加了吧。

在箱根，因为熊野游方圣的到来，也一并传入了熊野信仰。在汤本，注视着温泉地的高台之上建起了熊野权现社。守护宿场的白山权现和守护温泉的熊野权现一同守护着汤本。熊野又读作"yuya"，因而熊野权现成为温泉的守护神之一。[1]中世箱根其他的温泉地也渐渐建立起了熊野权现社。

芦之汤与"底仓的温泉"

公家的飞鸟井雅也是一位歌人，他经常往来于出生地镰仓和京都之间。在他的《春之山路》中，弘安三年（1280）十一月写道"有一个温泉名叫芦之湖"，彼时他正从三岛方向前来，通过芦之湖畔的芦川。他还在"芦之湖温泉"前面写道："山中据说有地狱……"这里说的"地狱"并不是指大涌谷，而是指在从芦之湖畔前往芦之汤的汤坂路途中，有一处精进修行地，会从地下喷出气体，被惊恐的人们视作地狱。镰仓时代地藏信仰兴

1　日语汉字根据训读和音读的区别，往往可以有几种读音。此处的 yuya 与"汤屋"的读音相同。

盛，便留下了由熔岩雕造的六道地藏等摩崖石刻和石佛群。因此"芦之湖温泉"就是芦之汤温泉。这一带除了精进修行地之外还有水池和湿地。因为是遍生芦苇的湿地，所以才被叫作"芦之湖"吧。

就这样，镰仓时代箱根的第二个温泉芦之汤温泉的存在被确认了。此处海拔 850 米，在箱根也是数一数二的高海拔温泉地了。

据推测写于镰仓时代后期至南北朝时期的《沙门祐贤书状》（金泽文库文书）中写道："闻了坊从去年秋天起因发剧烈脓疮，便去箱根汤三七汤治，最终痊愈。"（《箱根七汤》）这是祐贤在给镰仓称名寺的僧人良达的书信中，说他的友人闻了坊得了疮，到"箱根汤"温泉疗养，花费"三七"也就是三个星期的时间，有了好转。岩崎宗纯认为，这个"箱根汤"不是汤本温泉，而是位于当时箱根权现社领地内，密教僧侣经常使用的芦之汤温泉。

在芦之汤的泉源地附近也建立起了熊野权现社。箱根的汤本、芦之汤、底仓、宫之下四处温泉地都建起了熊野权现社。说起底仓温泉，它与富士大酒店相邻，是与早川合流的蛇骨川的小溪谷旁的温泉地。现如今，富士大酒店被掩藏在成为地标的宫之下温之后，多少有些被遮住了的感觉。稀有的天然温泉从溪谷的岩洞中涌出，这是中世箱根代表性的温泉之一。

禅僧梦窗疏石生活在镰仓末期到南北朝时代之间，在他去世之后不久，于正平六年（1351）集结成册的其和歌集《梦窗国师御咏草》中，有"下至相模国底仓温泉……见谷底有山贱庵"一句。在这里，出现了箱根第三处温泉地"底仓温泉"。

这是现在的底仓温泉，还是中世底仓村的底仓、宫之下、堂岛温泉中的一个，抑或是三个温泉的统称？目前尚无确定的答案。然而，根据下到温泉中得见"谷底"这一点，可以确定梦窗疏石在停留期间曾到访谷底的堂岛温泉。江户时代后期出版的《七汤风趣》中介绍说，谷底的堂岛温泉有梦窗疏石的草庵遗迹，那么，梦窗疏石到访堂岛温泉，作和歌并入浴的可能性极大。"底仓温泉"还是应永十年（1403）南朝一方新田义贞[1]的族人新田义陆在此潜伏疗养时，被地方豪族安藤氏诛杀的场所。

灵场"姥子之汤"

箱根的温泉间流传着一句话："能看得见富士山的地方就没有温泉。"这是因为这里的天水（雨雪）在中央火山口被加热，

1　南北朝期间南朝一方著名的统帅之一。

成为温泉流入地下，比较容易从早川附近谷底涌出的缘故。天然涌出温泉时代的箱根温泉几乎都从早川溪谷涌出。此外，从中央火山口南侧山中腹地湿地涌出的芦之汤温泉那里也看不见富士山。

有一个例外。"姥子之汤"（姥子温泉元汤秀明馆）是唯一可以看见富士山的。这也是中世文献中的箱根温泉里唯一一个能从物证和遗迹明确大致轮廓的温泉。这是箱根的第四个温泉地，非常有特色。

在明治天皇到访前，大涌谷都被叫作大地狱。这个温泉就从大地狱的下方、海拔880米的森林中涌出。森林在一片约3100年前被称作"神山崩"、由中央火山口水蒸气爆发形成的山崩堆积物上。神山大涌谷一带降水丰富，雨雪被地下的火山热源加热，流入已成为温泉含水层的山崩堆积物下方，春雨季节以后，再从由森林中的石壁和岩石层形成的姥子天然温泉中大量喷涌而出。作为在箱根也极为稀少的天然涌出温泉浴池，单凭能够了解温泉形成时间这一点就非常重要。

成为物证的遗迹之一是此地的姥子山长安寺，这座寺院建于南北朝时代延文元年（1356）。在元禄三年（1690）九月十五日提交给小田原藩主与寺社奉行所的《长安寺由绪书》（长安寺藏）中说，"姥子寺始建于延文元丙申年"。此语之前还有"姥子寺是大地狱汤前药师的禅定（灵场）"的记载。这说明寺院的创建与姥子温泉密切相关。江户时代前期，长安寺被迁移到现在的所在地仙石原。

第二处是摩崖石刻，在姥子温泉靠近大地狱一侧的姥子赛河岸的摩崖石刻上，刻有"延文二（丁酉）九下旬"的年月和"明尺"的功德主名，以及象征胎藏金刚两界大日如来的梵文字母"a"和"vaṃ"的字样。雕刻的年代是长安寺创建的第二年。

宽文十二年（1672）闰七月的《仙石原村书上账》记载，姥子"有喷出热汤的赛河岸"。这个地方还有一块传闻是弘法大师空海修行的巨石"弘法砚石"。根据石刻上的梵文字母及功德主名字来看，姥子赛河岸一带曾经是修行的场所。

第三，承接姥子汤的元汤秀明馆内，二堂琉璃光堂有本尊佛石造药师如来坐像，它与姥子堂中的木造地藏菩萨立像，都是具有室町时代雕刻特点的造像（《箱根山中 村落的佛像》）。药师如来是能够治愈疾病的医药佛，被视作温泉的守护佛，佛堂佛宇是以温泉为前提建立，佛像也是因此才被供奉在这里的。地藏菩萨像则应该是基于镰仓时代以来箱根盛行的地藏信仰而被塑造的。

此后，姥子温泉的灵场特征也十分突出。我们认为它是修行者的洁净场所，也是邻近村民的疗养地。那时候，长安寺或许还可以为故去的人们超度吧。姥子温泉的严肃氛围与芦之汤一道，保存了箱根温泉地中世以来的历史空间。

2 "热海"乡的热海温泉

"热海"[1] 温泉的开创传说

平安时代没有出现在文献资料当中的"热海"乡温泉，终于在镰仓时代出场了。一般认为《地藏菩萨灵验记》是由真言律宗僧侣忍性[2] 参与编纂的，其中写道"此处有个叫热海的地方，山谷幽深，猛火炽焰遮山蔽日，炽烟四流，热泉满谷，烧波焚浪"，热泉被猛烈的烟雾和热气覆盖，泉水东流入海，烧沸了

---

1 加引号的"热海"原文都作"atami"，现在写作汉字热海。下一节将有叙述，这一读音被确定写作热海是镰仓时代后期的事。以下将用加引号的方式将"热海"和热海区分开来。

2 前文提及的真言律僧睿尊的弟子。

波浪，猛烈的温泉喷涌而出，"那热海果真是炎热地狱"（《热海温泉志》）。在这段记述之前另有关于走汤的记录，可见"热海"和伊豆山走汤是完全区别开来的。这样的描述成为"热海"乡温泉开创故事进一步展开的基础。

热海温泉的开创故事在江户时代编纂的温泉缘起和绘本当中也有介绍。其中，我们可以根据宽文七年丁未（1667）正月的《豆州贺茂郡热海乡汤前权现拜殿再兴劝进之状》中记载的开创故事，以及天保三年（1832）刊刻的戏剧作者山东京山的《热海温泉图汇》所载的开创传说，把其构成的内容归纳为两点。

第一，热泉水从海中喷涌而出，鱼类无法栖息，乡民们也束手无策。第二，在奈良时代中叶天平宝字（757~765）年间，箱根权现的万卷上人到此，凭高超法力将泉源转移到陆地上，从此温泉终于可以使用了。

复兴箱根权现的万卷上人在有关走汤的开创传说当中不曾出场，但到了"热海"乡便成为温泉开创的主角。这应该是中世诞生的《箱根权现缘起绘卷》的影响。这些缘起和传说与江户时代叫作本汤或大汤的"热海"乡主泉源有关，也同建立在其前面的汤前权现（汤前神社）的开创有关系。这里的暗示不容忽视，与走汤相似，"热海"乡的中心泉源可能也在不断移动，并改变涌出位置。

事实上，有种说法是"热海温泉的中心大汤是间歇泉。古代、中世文献未提及间歇泉，这是热海温泉当时尚不存在的证据。中世被叫作热海温泉的全部是伊豆山走汤。热海温泉登场是在战国时代以后"。然而，不仅是热海和伊豆山，温泉的涌出现象是伴随着地震和断层变化、潮汐涨落等自然条件变化以及时间

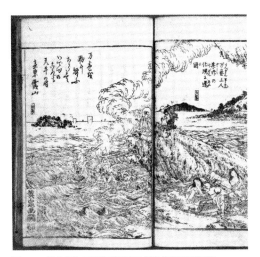

图 3-2 描绘热海开创传说的绘图（《热海温泉图汇》）

状况不断改变的，场所和形态发生变化的例子也并不罕见。即便断言是间歇泉，其形态也多种多样。虽不像江户时代那样有固定的间歇时间，但事实上在中世史料当中，已经能够看到其涌出具有间歇泉特色的端倪。

"安多美汤"的登场

最早提及"热海"乡温泉的资料是前面提到的妙本寺本《曾我物语》，"建久四年（1193）四月中旬"，和田义盛一行出发去"伊豆安多美温泉"。镰仓时代末期形成的这一手抄本将平安时代的乡名"直见"写作汉字"安多美"，并以此为温泉名。如果是走汤的话，就应该会明确写为此前使用的走汤二字。我们很难认为和田义盛一行会凭个人喜好随随便便到访将军源赖朝崇敬的圣域走汤，并使用那里的温泉。"安多美汤"本来就是与走汤不同的另一处"热海"乡的温泉，是在这时才开始被人使用的。

因为"热海"乡温泉的热泉涌出非常猛烈，涌出场所又在海边或海水中间，所以长时间没有得到人们的广泛利用。主泉源被转移到陆地靠近山的地方以后，才终于具备了被人使用的条件。

《吾妻镜》是与《曾我物语》差不多同时期诞生的镰仓幕府正史，其中记录了建保元年（1213）十二月十八日北条泰时[1]将"伊豆国阿美多乡"地头职寄进[2]给走汤（走汤山）权现，以作为"放生地（为神佛而禁止杀生的土地）"的事情。"热海"乡被幕府编入了走汤权现的领地。"热海"乡的发音 atami 有多种汉字表记方式，被记作热海二字是在镰仓后期永仁五年（1297）执权北条氏给走汤山的文书中，上书"走汤山坊地及热海乡"。这是这两个字在史料上的首次出现（《热海温泉志》）。

到这时，有关热海乡的温泉存在、使用的记录增加了。在称名寺相关书状（金泽文库文书）当中，有一封写给与北条（金泽）实时夫人关系密切的女尼莲心房的书信，写作"从热海而来"，里面说"（当地）温泉实在太多，想把温泉送给'上边的人''那边的人'都泡一泡"，暗示了热海温泉"快递"的存在（《热海温泉志》）。这时，从热海运输物资到镰仓方面的便船"热海船"正频繁地来往着。

1　当时镰仓幕府政权的核心人物，幕府第三代执权。镰仓时代大部分时间将军无实权，掌控执权一职的北条氏实际控制政权。
2　此处指将地头职及其所带有的权益（地租收入等）奉献给神社。

镰仓时代，日莲上人开创的日莲宗进入了热海乡，据说他的弟子们开创寺院，将"热海汤地"划为其所有（《热海温泉志》）。弘安七年（1284）十月十八日，其高足之一日兴上人在给弟子的书信中说："明年二月末到三月间，在热海汤治之后应当如何……"由此我们可以知道，他们当中也盛行"热海汤治"。

被祭祀的"热海汤明神"

伊豆山走汤稀有的涌出状况孕育了走汤信仰。热海乡温泉虽然也有显著的特色，但别说利用，乡民们还在为炽热泉水的喷涌手足无措，因此也就没有形成温泉信仰。然而，当主泉源被转移到陆地以后，热海温泉终于打开了使用的大门。这样，从对带来恩惠的温泉的崇敬开始，产生了温泉守护神信仰。进入中世以后，祭祀热海乡温泉神的神社，在伊豆国神社一览表《伊豆国神阶帐》中以"从四位上热海之汤明神"的名字被首次记录下来。

《伊豆国神阶帐》收录在江户时代塙保己一编纂的《群书类从》中，其中有北朝历"康永二年（1343）十二月二十五日"的日期记载和伊豆国国厅[1]所在地三岛的三岛大社有关人员的在判[2]。这是在《延喜式神名帐》以后，由各地方制作、国厅保管的国内《神名帐》的一种。

按照史书的惯例，神阶一般是从正六位上开始一阶一阶地往上升，考虑到这个跨度，"从四位上"的"热海汤明神"应该在此之前就已经存在了。还有一种说法是，"若是按照神阶帐的制作可以追溯到平安时代末期来算，（热海汤明神的神社）可能在那时候就出现了"（《热海市史》上卷）。若是这样，在能够确认"安多美汤"的存在和使用记载的镰仓时代初期，就已经有了祭祀"热海汤明神"的神社。

我们认为"热海汤明神"是热海主泉源的守护神。温泉之神一般被叫作汤泉（汤前）大明神或者汤明神，以神佛习合的方式得到祭祀，其典型是权现。因而温泉神的名字也很容易由汤明神置换为汤前权现。前面提到的《汤前权现拜殿再兴劝进之状》中写道"本社汤前权现就是守护温泉的神"，因此祭祀"热海汤明神"的神社和汤前权现神社（汤前神社）应该就是同一个

1　伊豆的地方行政官署。

2　制作文书的复本时，将原文书画花押的部分空出来，记作"在判"，以示原文有花押。

地方。

　　记述了永正十八年也就是大永元年（1521）十一月建立"热海乡汤河原村汤宫"一事的上梁记牌，被收录在江户时代编纂的《豆州志稿》中。上梁记牌中首次出现了如今建在大汤间歇泉前面的汤前神社（《热海温泉志》）。需要注意的是，即便两社存在联系，在"热海汤明神"的时代两社是否在同一场所，仍是一个问题。主泉源转移到陆地上以后，仍然存在小规模移动的可能性。热海遍布小断层和断裂带，热源和地下水十分丰富，是一片任何时候、任何地点都可能涌出温泉的土地。

用水管将热泉引到更多的汤屋

　　义堂周信是南北朝时代的禅僧。他的日记被弟子汇编为《空华老师日用工夫略集》，其中写道，应安七年（1374）以后为了"汤医"，他曾三次到访热海。在热海，他与熟识的禅僧会面，写作唱和咏温泉的汉诗，其中有一位名叫中岩圆月的禅僧的汉诗，收录在这位禅僧的作品集《东海一沤集》中，题为《热海》。这些汉诗充分描写了当时热海主泉源的喷涌状况和温泉场的情形。我们参照《热海温泉志》，来大致翻译一下这首汉诗：

　　中宵梦破飧浪浪，应是岩根涌热汤。笕笕分泉烟绕屋，家家具浴客赊房[1]。（半夜传来琅琅之声，大梦方觉，那是岩石底部涌出热汤之声。大量的水管将温泉水分引出来，泉烟弥漫房屋，家家都有浴室，客人借房舍而宿。）

　　半夜热泉涌出的声音影响了睡眠，这应该不是正常有规律的泉水涌出声，而是热泉不定期喷出时的响声。热泉从泉源的岩底（裂缝处）喷涌出来。我们还可以知道，这时人们已经运用水管向各家各户引泉，引泉的人家都安装了浴室，温泉客们借用他们的房屋，留宿在此。

　　中心泉源的热泉从岩底喷涌而出，喷出时发出响彻云霄的巨大响声，这是间歇泉的特征。这和江户时代被称作大汤或本汤的热海主泉源相同。走汤则与此相异。正如伊豆山温泉走汤遗迹所示，泉水是从海岸附近的石崖横洞深处横向喷涌出来。《走汤山缘起》也记载道："陡峭崖壁深处的洞穴中喷出灵汤。"中岩圆月的汉诗很显然描述的是与伊豆山走汤完全不同的热海乡温泉涌

1　原文未附原汉诗，仅有下文括号中的现代语释义。此处为译者按照《五山文学全集》增补。

出的样子。需要注意的是，热海乡温泉这时已经显现出间歇泉的样子。

热海的主泉源在海岸潮汐涨落带来的地下压力变化下，出现了间歇泉现象，这一状况最早在儒学者林罗山于元和二年（1616）所著的《丙辰纪行》中被记录下来。林罗山说："看其泉水涌出之处，因潮水进退，岩石间隙处有蒸汽腾腾而出，炎热不已，难以靠近。流出的热泉经水管流向家家户户，人们装设浴槽，以供入浴。"这与大约 3 个世纪前中岩圆月汉诗中的描写几乎相同。

中世的热海乡，有义堂周信日记中的"平左卫门地狱"，有完成于应永五年（1398）的《走汤山密严院领关东知行地注文案》中记载的"热海松轮村汤屋"，此外还有其他泉源和汤屋（《热海温泉志》）。成为走汤山领地的松轮村，位于伊豆山东侧海岸附近，汤屋所在之处，正是后来成为热海七汤之一的现在清左卫门汤附近的"平左卫门地狱"一带。很显然，中世存在多个泉源地，温泉的使用方法也颇为多样，是近世以本汤（大汤）为中心的热海七汤时代出现之前的过渡阶段。

3 北关东高原的草津温泉

飘荡着硫化氢的温泉"臭水"

临近长野县的群马县草津温泉海拔 1200 米，温泉就从草津白根山东南侧的山中高原里喷涌而出。与草津白根山西南侧海拔 1800 米的全日本屈指可数的高海拔温泉万座温泉相同，草津温泉的热源、化学成分及强酸性水质都是草津白根火山活动的产物。这两个温泉中，草津温泉早在中世文献中就已经出现。

草津町编纂的《草津温泉志第一卷》中，关于草津温泉的记录较早的只有草津白根山火山口汤釜湖出土了推测为 12 世纪平安时代末期由山岳修验者供奉的笹塔婆[1]，以及镰仓时代后期《上野国神名帐》抄本所记载的"白根明神""小白根明神"两处，资料极其匮乏。平安时代此地火山曾喷发难以居住可能也是原因之一。不难想象山岳修验者发现高原的低地涌出丰富的高温泉水时的情景。

虽然草津读作"kusatsu"，但是当地人读浊音"kusazu"。不

---

1 抄写经文的小木片。

过，在全国各地而来的疗养客的影响下，现在一般也不读浊音了。最早记录草津温泉的文献是室町时代学僧、歌人尧惠法师所著的游记《北国纪行》。尧惠于文明十八年（1486）九月从越后（新潟县）翻越三国隘口进入上州（群马县），到访草津。

这部非印刷字体的手写体文献里面说："从此处经栈路到久草津停留两个七日，愚作词穷，敬奉镇守明神，又经山中道路，到达伊香保温泉……"这里写作"久草津"。连歌师宗祇也在文龟二年（1502）从越后上杉氏处返回时经过草津并在此入浴。这一年宗祇死于汤本温泉，与宗祇同行的弟子宗长在《宗祇终焉记》中记载道："在上野国久相津温泉入浴。"中世两份文献里分别记作汉字"久草津"和"久相津"。由此我们可以得知，草津原本被叫作"kusauzu（kusouzu）"。

自古代起，越后国和出羽国等原油地带的温泉，就会因为地上涌出原油，散发出强烈的矿物气味而被叫作"臭水"，同时也被记作"草生水"[1]。富含硫化氢气体的温泉，周围飘散着硫化氢的臭味。大量涌出天然泉水的草津就是其中典型。因此，与

1　草生水（くさうず）与臭水（くさみず）读音相近。

原油地带一样，认为"草津"是来源于被称作"臭水"这个地名（《草津温泉志》）的说法是最为合理的。

早期文献记作"kusauzu"这一点可以印证这一说法。将其记作汉字"久草津"，其中的久和草读音重了，于是才简化为草津。即便如此，与原本的地名读音相近的"kusazu"仍然被当地人保留了下来。

源赖朝的温泉传说

据说草津温泉是由与草津白根信仰有关的修行者发现的。《上野国神名帐》记载的白根明神是草津白根山的神体。这就相当于草津的温泉神社。祭祀白根明神的白根神社在今天的草津仍旧存在，遵循传统入浴法时间汤[1]的公共浴场"地藏汤"里有一间专用浴室，其神龛之中也祭祀着白根明神。

草津流传的温泉开创传说中有一种是行基发现说。在守护着汤畑的高台之上，有一座与药师堂一同矗立的光泉寺——这种说法就记录在寺中留存的草津缘起《温泉奇功记》中。温泉寺缘起中有很多都与行基有关，但从源头上说，其实并没有行基巡游

1　江户时期至明治前后的传统温泉疗法，分3个步骤，每一步3分钟，一天最多可重复4次。

东部地区的记载。另外，又有一种说法是"行基是尧惠的讹传"（明治二十一年［1888］刊汤本平内著《草津温泉志》）。

此外，还有"将军源赖朝到三原野狩猎之际，在当地武士引领下登上草津，开创温泉"的传说。的确，《吾妻镜》中确实记载了源赖朝在草津的入口处裾野的原野（三原［三原野］）举办过盛大的围猎活动。

建久三年（1192）三月，令源赖朝头疼的后白河法皇驾崩；七月，源赖朝被任命为征夷大将军。虽然他已经实施了巩固武家政权的诸多措施，但直到此时镰仓幕府才正式成立，靠武力夺取的权力被赋予了相应的正统性。根据《吾妻镜》，后白河法皇一周忌[1]服丧结束，从建久四年三月二十一日到五月，源赖朝连续举行了多次围猎活动。猎场从武藏国入间野开始，到下野国那须野、上野国三原野，中途返回镰仓，五月又到富士裾野。由猎场散布各处这一点可以看出源赖朝意在巩固关东地区的权力基础。

在四月"二十三日，于那须野狩猎"之后，源赖朝在三原野周边留宿，其后又于"二十八日，自上野国归"，可见只停留

1　死后一年举办的祭祀活动。

图 3-3　与源赖朝发现传说有关的草津白旗温泉和御座之汤

了五日。《吾妻镜》上仅仅是只言片语，不要说没有关于草津的记述，就连在上野国做了什么也一概未提。

　　草津附近的嬬恋村现今仍存有三原这个地名，是通往万座、草津白根山的玄关口。《曾我物语》这部有关曾我兄弟复仇的故事当中有着更详细的说明。其中"为了看看三原的猎场停留三日"这一段，里面出现了猎鹿的情景和当地的几个地名，但仍然没有关于草津的记载。若是在当地武士的带领之下继续往上跑马的话，可以说还是有时间往返草津的。

　　这样，填补这些空白的传说和由来记就逐渐产生了。草津町为观光客出版的《草津温泉年表》收录了这些传说。因为会让人联想到源氏的白旗，汤畑一角的天然温泉被当作白旗泉源，在此设立石祠赖朝宫举行祭祀。江户时代光泉寺的《温泉奇功记》和《草津温泉由来》，是源赖朝开创温泉传说的直接来源，其中还分为有汤本氏为源赖朝充当向导和没有汤本氏的两个版本。汤本氏自信浓国起家，战国时代扎根于草津。汤本氏在当地的统治权曾由武田信玄认可，到了江户时代成了很大的势力。

　　草津町出版的另一本著作《草津温泉志》中，《中世相关传说的历史考证》一节对源赖朝发现传说在江户时代诞生的过程及其疑点做了详细的考证。传说的内容和年代日期版本众多，该书得出的结论是"即便源赖朝来过三原围猎，也没有来过草津"。

　　镰仓时代以后，在日本东部这些登上历史舞台的温泉地当中，像草津一样借助幕府创建者源赖朝或者其他纵横关东、武威远播的源氏武将的声名与荣光来塑造温泉开创传说的例子并不罕见。

中世的温泉巡游和草津

西严寺位于善光寺[1]附近的信浓国，江户时代的《西严寺由绪书》中记载，净土真宗本愿寺教团第八代法主莲如上人在巡礼关东时曾在西严寺停留十个月。文明四年（1472）五月，莲如上人在住持引路之下前往草津，可以说他是有史料可查的最早到访草津温泉的人（《草津温泉志第一卷》）。然而，在莲如自己的《御文》中，虽有写到后文将提到的加贺山中温泉，却并无关于草津的记载。

我们回到尧惠的《北国纪行》。尧惠在草津停留"二七日"，也就是两星期之后，去了伊香保的温泉。温泉疗养一般以一个星期为一轮，这是全世界共通的基本单位，尧惠待了整整两轮。在中世的草津，人们入浴、疗养两星期，并在泡温泉的间隙作诗、参拜寺社，这样的行程所需要的优质旅店、浴舍和种种公共设施都已齐备。

在接下来到访的伊香保温泉，尧惠"停留一七日"，也就是待了一周。伊香保也有了旅馆和公共设施。由此我们可以知道在

1　信浓地区的信仰中心。

关东北部，巡游草津、伊香保温泉的旅程，也就是所谓的温泉疗养巡游的习惯已经深深扎根。

宗祇也是事务出行和温泉访问一起进行的。文龟二年（1502）他来草津，是从越后回来的时候。之后他又去了伊香保。宗祇年事已高，且身患疾病，因此旅程途中巡游各温泉不只是为了游玩，也带有疗养的目的。然而他终究是渐渐病重，在从伊香保返回骏河国途中，于箱根汤本卧床不起。他吟诵了最后的辞世句，并让弟子补齐前句，然后撒手人寰。

宗祇及其弟子宗长这样的连歌师、歌人或文人们，常常被武家、公家等各地名流迎请，因而从不缺乏出行的事由。他们这样在各地行走和停驻，也是这个时代温泉巡游能够普及的重要推动因素吧。在关东地区，北关东的草津和伊香保，以及南关东的箱根、热海、伊豆山等渐渐成为主要的温泉巡游目的地。

《运步色叶集》是大约诞生于室町时代后期天文十六年（1547）的词典，在"ku"的词条下面有"草津汤"的记载。加上"a"词条下面收录的"有马温泉"，两者都是中世以来声名鹊起的温泉地。室町时代五山禅僧万里集九的诗文集《梅花无尽藏》当中写道："本邦六十余州，处处都有灵汤，其中最好的是草津、有马、飞州汤岛三处。"在这里，除了古温泉有马之外，首先列举的是草津，此外"飞州汤岛"也就是下吕温泉（岐阜县）初次登场。万里集九的诗文后来被江户时代初期的林罗山引用，这三处温泉不知不觉地被林罗山推许为"日本三名泉"。中世温泉巡游的盛行，就是在巡游各地的文人对温泉的比较中诞生的。

4　别府与一遍上人：温泉之缘

别府温泉复兴与铁轮蒸汽温泉

奈良时代的《丰后国风土记》中详细记述的别府湾海岸"速见郡"温泉，在《伊予国风土记》逸文"汤郡"中写作"速见汤"。虽然这座温泉早早地出现在文献中，后来的变化记载却并不清晰。这之间见诸记录的，只有山体滑坡、鹤见山的火山喷发，以及给火山神授予神阶等事。根据《续日本纪》记载，山体滑坡是宝龟二年（771）五月二十三日发生在"速见郡敢见乡"，即后来的"朝见乡"。

有关鹤见山的喷发，贞观九年（867）二月二十六日大宰府的报告说，有火男神和火卖神二神坐镇的速见郡鹤见山于正月二十日喷火，飞石四溅，山顶水池中沸腾的泉水聚流成河，道路被阻断不通，此事记载在史书《日本三代实录》中。朝廷于当年四月三日举行了安抚火山神的仪式，并于八月十六日给火男神和火卖神二神授予正五位下的神阶。

即便温泉仍旧一如既往地活跃，奈良、平安时代关于别府温泉的记载也仅仅停留在传说。另一方面，平安时代后期，速见郡朝见乡的北部设立了庄园石垣庄和灶门庄，乡域缩小了。包括两庄在内，乡内强大的宇佐八幡宫的领地则扩大了。

《丰后国图田帐》在镰仓时代弘安八年（1285）十月明确记载了丰后国各领地的名称、土地面积和所有关系。其中"千町[1]余五町"的速见郡内"石垣庄二百町"中"本庄百四十町"是宇佐宫领地，"别府六十町"由地头名越氏所有。"朝见乡八十町"是宇佐宫领地头职管理，"灶门庄八十町"是宇佐弥勒寺领地，二者被区分开来。这里出现了别府的名字，与国府、本庄等地名

1　面积单位，1町约为9917.4平方米。

相对应。这就是别府被视作地名的根据。

这时向幕府提交《丰后国图田帐》的是由源赖朝任命为丰前、丰后守护的御家人大友氏之中最先到丰后国定居的家族第三代大友赖泰。大友赖泰是与中世时重返世人眼前的别府温泉相关的人物。另一位则是时宗的祖师一遍上人[1]。

一遍上人的弟子圣戒于正安元年（1299）完成了《一遍圣绘》，在其第四部分的词书当中记载了二人的相遇。一遍上人于建治二年（1276）从四国到九州巡游各地。弘安元年（1278），一遍上人正欲从丰后去四国时，"大友兵库头赖泰皈依了他。于是一遍上人暂时在此逗留，与他交流佛法，谈笑风生。"

话虽如此，仅凭这一点，不能说二人与温泉有什么关系。关于大友赖泰，有一个说法是"文永九年（1272）在别府温泉入浴，设置温泉奉行"（《别府温泉志》《别府市志》），但并无根据。

在稍晚时代完成的《一遍上人年谱略》中，有"建治二年丙子（1276）"，到达丰后的一遍上人"抵该国府中鹤见岳，旁

---

1 镰仓时代的游方念佛僧，后被视为时宗开祖。时宗为日本净土宗教派之一。

有温泉，此乃熊野权现方便之温泉也"的记载。这里首次记录了一遍上人和别府温泉的相遇。当地将此记录理解为"传说一遍上人依凭熊野权现的灵力，想要开发（别府的）石风吕[1]（蒸汽浴）、涩汤和热汤三泉"（《别府温泉史》）。就这样，当地还流传有一遍上人镇伏使当地人苦恼的铁轮大地狱，并对其进行开发的传说。

开发别府温泉的关键不是入浴的方法，而是利用以铁轮地狱为代表的高温喷气、地热地带设立石风吕，发挥蒸汽浴场的作用。这就像是八濑的釜风吕[2]一样，是活用热气、蒸汽浴的技术，在濑户内地区得到了普及。《一遍圣绘》第三部分当中，就画有一遍巡游到九州岛首先拜访大宰府时，在大宰府的师父圣达上人的禅室之中，与师父一同享用准备好的蒸汽浴的情景。一遍上人出身伊予豪族河野氏，生于道后温泉所在的温泉郡，应该熟知蒸汽浴和温泉的疗养效果。

一遍上人是在蒙古袭来[3]的文永之战（1274）和弘安之战

1　风吕，日语汉字词汇，指浴池。此处为专有名词，故保留日语汉字。

2　蒸汽浴、桑拿浴的一种。

3　元代忽必烈与日本的战争。

（1281）之间进行九州巡游。博多湾[1]周边战况激烈，死伤者层出不穷。大友赖泰兼任镇西东方奉行出战，在前线指挥时，负伤者的治疗和康复应该也是他所关心的。一遍上人专注弘法和救济活动，熟知温泉疗养法的功效。不难想象，他在蒙古袭来之际可能向大友赖泰提出了利用别府温泉给战伤者提供疗养地的建议。

一遍上人与熊野、说经《小栗》

据传说，皈依一遍上人的大友赖泰依据一遍的幼名"松寿"，将在铁轮蒸汽汤、涩汤、热汤前建立的寺院取名为松寿寺，并布施寺产。享和三年（1803）刊刻的《丰后国志》中说该寺"位于石垣庄铁轮村，以释智真（一遍上人）为祖师"。松寿寺后来作为时宗寺院延续下去，直到明治时期荒废。明治二十四年（1891），尾道的一座寺院搬迁过来，以温泉山永福寺之名接续了松寿寺的法迹，直到今日（《丰后速见郡史》）。在铁轮温泉的汤浴节上，还会举行用温泉水为一遍上人坐像沐浴的仪式。

---

1 位于今九州岛福冈县福冈市，日本古来的贸易港。宋元时期有大量中国浙江、福建等地的商人、船工居住。

这里出现的熊野权现和一遍上人及时宗关系匪浅。据说一遍上人劝信一切众生念佛的确信与觉悟，就是因参拜熊野本宫时获得了熊野权现的启示（《一遍圣绘》第三部分）。熊野本宫的本地佛是阿弥陀佛，熊野权现被视为阿弥陀佛的化身垂现世间。一遍及他之后的时宗的发展都与熊野权现信仰密不可分。

在与一遍上人相遇后，中世的别府温泉在松寿寺的僧侣汤圣和念佛圣们的宣传下大为发展（《别府温泉史》）。当时的丰后、丰前两国有许多时宗教团的根据地寺院，念佛舞[1]和温泉对于人们来说既是娱乐又是救济，休息放松，然后推广念佛。

《丰后国风土记》中记载了"河直"山的名字，但在《丰后国图田帐》中有别于鹤见村，另有大友赖泰领地"鹤见村加纳"这样一个地名。这可能是鹤见村新开垦的土地。"加纳"变为铁轮，大概是由时宗的念佛演出里"铁轮"这一出，再加上汤圣们的佛教解释以后演变而成（《别府温泉史》）。

时宗和熊野与温泉的缘分很深。最具代表性的是中世流

1　时宗的标志性宗教仪式之一，边击打乐器跳舞，边大声念颂"南无阿弥陀佛"。

图 3-4　与一遍上人有关的别府铁轮温泉"永福寺"

行的带有曲谱的艺术形式说经，其中小栗判官和照天姬的故事《小栗》是说经中的顶级作品。

　　故事中，被杀堕入地狱以后的小栗，因为仍担忧自己的部下，便让阎王挂了块"去熊野温泉的汤之峰温泉泡一泡"的牌子在胸前，以饿鬼阿弥的样貌返回娑婆世界。时宗的上人和照天姬赶车驮着小栗到了汤之峰温泉，在药泉里浸泡七七四十九天之后，小栗终于变回了原来的样子。《小栗》的故事通过游方熊野圣和时宗念佛圣的弘法活动传遍全国。因为这个故事，汤之峰温泉获得了"再生泉"的美誉。熊野权现威严的光彩在中世的温泉世界中闪耀，熊野圣和时宗的汤圣们与温泉的关系也就进一步加深了。

熊野与中世的道后和有马

根据《一遍圣绘》的词书，一遍上人在参拜了严岛神社之后，于正应元年（1288）返回伊予。据说道后温泉汤釜药师身上的"南无阿弥陀佛"就是领主河野通有请求一遍刻的。道后大概也盛行汤圣的活动吧。

有马温泉也发生了变化。据传说："承德元年（1097）洪水泛滥，冲毁人家，温泉荒废九十五载。建久二年（1191）二月，吉野僧仁西因熊野权现托梦来到有马，复兴了温泉。他还带来了吉野的居民，建立了坊舍十二座。"（《有马温泉志》）其内容可以归纳为平安时代末期有马温泉暂时荒废，和镰仓时代以后吉野的仁西率领游方圣团体来到有马复兴了温泉两点。仁西被视作有马温泉复兴的恩人之一。

仁西出生于与熊野有联系的修验道圣地吉野。因为仁西是受熊野权现托梦而来，可以看出有马在中世受熊野游方圣们影响，也有显著的熊野信仰色彩。这大概是熊野神"熊野久须美命"作为祭神，被加入延喜式内社的温泉神社中的缘故吧。

　　虽然传说"承德年间（1097~1098）到建久二年（1191）之间有马温泉荒废"，但事实并非如此。在此期间，以法皇和女院为首的京都贵族其实经常到访有马温泉。

　　大治三年（1128）三月二十二日，白河法皇到访有马温泉（《百炼抄·第六》）。安元二年（1176）三月九日后白河法皇和建春门院访问有马温泉（《百炼抄·第八》）。文治二年（1186）八月二十六日，患病的兼忠为疗养而赴有马温泉，这在前文提到的九条兼实日记《玉叶》中有记载。"承德元年，洪水泛滥，冲毁人家"这种说法根据《中右记》的记载，主要受灾场所是京都周边，并不是有马。即便有马温泉当时也受了灾，还是可以维持其设施功能，接待客人入浴和住宿的。

　　"建久二年后，仁西在有马建立了（用作旅店的）坊舍十二座"的说法又如何呢？

　　据《明月记》记载，藤原定家于建仁三年（1203）七月七日在有马"上人汤屋"住宿。从名称上来看这里可能有熊野圣或汤圣的影响。承元二年（1208）十月七日到十五日定家住宿的旅店名称没有记载，但是有"故平大纳言赖盛后家（平赖盛寡妻）"在"汤口屋"，"播州羽林"（据樱井阳子《有马温泉［汤山］与定家》一文，此人是藤原基忠）在"上人法师屋"，"左府大纳言（九条道家）"在"仲国屋"住宿。仲国屋就是建历二年（1212）正月二十二日至二十八日藤原定家在有马停留时经介绍住宿的"仲国朝臣（源仲国）汤屋"这家旅店。

汤口屋和仲国屋是以前就有的旅店（汤屋）。我们认为，在既有旅店继续维持经营的基础上，镰仓时代以后渗透进来的熊野圣、汤圣们经营的旅店也逐渐增加。中世有关仁西复兴有马温泉的传说只有"建造众多房屋"（《汤山阿弥陀堂缘起》）一句，"十二坊舍"这个说法是江户时代以后才有的。

"建立坊舍十二座"这个说法，是依据温泉守护佛药师如来属下的药师十二神将创作出来的。后文提及山中温泉的《山中温泉缘起绘卷》（医王寺藏）里面，记录的也是温泉被在药师如来化身引导下的行基和尚发现，经历荒废之后，由信仰虔诚的复兴者于镰仓时代初期重建，复兴者还在汤本建起"十二坊舍"的故事。这样的温泉复兴传说与有马温泉十分相似，二者都认为新的信仰集团与温泉有关。可以说是因为中世的人们对温泉抱有虔敬的心态与感谢之情，才会编写出这样的温泉缘起和复兴传说吧。

第四章 『总汤』与战国时代的『隐蔽温泉』：

战国、安土桃山时代

1　最早的公共浴场"总汤"的诞生

加贺的山中温泉与莲如上人

北陆地区原本称不上温泉资源富集之所。其中，加贺国内现在加贺温泉乡的山中、山代、粟津以及金泽市近郊的汤涌温泉是很早就存在的高温泉水。中世以来，加贺的这些温泉地以公共浴场"惣汤"为中心逐渐成型、发展，在日本温泉史上熠熠生辉。明治以后，"惣汤"被写作"总汤"，以总汤所在的公共浴场广场为中心出现的独特景观——温泉小镇，时至今日仍然存世，值得一提。

在加贺，拥有白山信仰（白山权现信仰）[1] 的白山神社植根于此。室町时代后期爆发应仁之乱（1467~1477）[2] 时，净土真宗

1　日本北陆地区的主要神祇。

2　室町时代后期，全国武家势力东西对峙的大动乱，被视为战国时代开始的标志。

本愿寺教团[1]第八代法主莲如上人于文明三年（1471）在越前吉崎建立坊舍[2]，以此为据点开启在北陆地区的传教活动，此后，本愿寺教团势力日益强大。这给加贺国的政治构造乃至温泉地都带来了重大的影响。

　　关于山中温泉的开汤由来，《山中温泉缘起绘卷》中留下了记述。该文献虽在宽政十年（1798）毁于祝融之灾，但根据藏于别处的未被烧毁的汉文旧记，于文化八年（1811）复原了其夹杂假名版本的样貌。宝历年间（1751~1764）完成的《加越能三州奇谈》所载创作年代地点为"建久五年（1194）甲寅，金刚山医王寺"的旧记中，温泉创立者虽为行基和尚，但比起被复原的"缘起"中的内容，白山信仰的色彩更加浓郁。在关于镰仓时代温泉再兴的记述中，我们能够看到在山中一带颇具影响力的镰仓幕府御家人长氏（长谷部氏），以及作为"汤番"登场的本地江沼郡地头[3]狩野远久的名字。我们可以认为，此时的山中温泉已具雏形。

1　日本室町时代后期到战国时代逐渐兴起的大规模佛教教团，其法主（长官）为世袭。

2　此处坊舍指小型寺院。

3　镰仓幕府在自己势力范围内的庄园、公领设立的职务。

山代温泉同样流传有行基和尚创立温泉的传说（《温泉寺略缘起》），两处温泉应有某种联系。建于山代温泉发源地的药王院温泉寺因白山信仰而生，其缘起强调温泉寺与行基和尚和泰澄和尚的关系，并将平安时代后期天台宗的明觉上人视为复兴温泉之人。古代江沼郡的"山背乡"，应该将平原地区的山代温泉和更深处的山中温泉都包括在内了。

莲如上人在其《御文》中写道："文明五年（1473）九月下旬第二日……在加贺山中温泉疗养。"这是山中温泉首次出现在史料中。莲如上人平日以吉崎坊为据点道场、一大寺内町[1]，往来于加贺各地，也许闲暇之时便来到了山中温泉疗养。这时的山中温泉，已建立起任何人都能进入的公共浴池。

以灯明寺为首，莲如上人来温泉疗养时，山中温泉已有众多皈依本愿寺教团的寺院（《加贺市史通史》）。正当莲如在温泉疗养那年，加贺守护[2]富樫氏爆发内乱一分为二，以此为契机，本愿寺门徒（一向众）的"一向一揆"[3]开始出现。

1　以净土真宗寺院为核心形成的寺院自治都市。

2　室町幕府以"国"（一级行政单位）为单位设立的职务。

3　以本愿寺门徒联合体为中心发动的暴动。

本愿寺门徒的核心被称作"大坊主"，门徒包括不出家的俗人庄园代官、地方土豪武士阶层"国人"，以及上级农民阶层"名主"，但绝不仅限于农村，还包括掌握内河航运等交通运输之利的阶层，和握有技术的工匠等手工业、商业从业者。他们掌握新兴经济力量，试图超越既有权力。他们的力量连谨守教团政治中立红线的莲如也压不住。长享二年（1488），加贺"一向一揆"势力得到越中、越前乃至近江门徒的支援，歼灭加贺国守护富樫政亲。此后约一个世纪，加贺始终处于由以本愿寺门徒为首的乡下民众控制着从村落共同体到加贺国全境事务的状态，"好似百姓统治之国"（《实悟记拾遗》）。我们认为，构成加贺温泉地核心的总汤就形成于这一时期。

"总村"式温泉村落与总汤

《山中温泉缘起绘卷》描绘了中世后期[1]温泉渐渐成型时的样子。绘卷中央是搭有屋顶的温泉出水处浴池。陪同小孩入场的母亲和年老的男性等男女老少们穿着兜裆布或裹腰布，在里面和和气气地混浴。唯一的温泉出水处浴池成为公共浴场。莲如上人

1　一般将南北朝时代（14世纪）后至安土桃山时代（16世纪后期）之间称为中世后期。

所泡的温泉无疑正是这样。

入浴之后会感觉饥饿，于是想要休息。周围熙熙攘攘的人群中会混杂着买卖货品的人。浴场周遭建有房屋，能看到角落里休息的人们和弹奏琵琶的琵琶法师。温泉博得了好的名声，近邻乃至各地的入浴者、疗养者蜂拥而至，周遭的房屋就逐渐演变成商店和旅馆，于是以温泉水源地的公共浴池广场为中心的温泉场就形成了。

中世管这种温泉水源地的公共浴池叫什么呢？我们在江户时代前期的图画中找到了答案。正德五年（1715）在金泽出版的《六用集》中的"山中温泉图"，收录了包括山代、粟津、汤涌温泉以及其他加贺国代表性温泉在内的图景。

朴素的温泉图中央是呈方形的公共浴场广场，广场被南町、汤尻町等街道分隔开来，周围紧密地排列着旅店。规划后建立的温泉小镇当中，共有旅馆42处，与现代温泉迥异。旅馆的名字叫"扇屋""泉屋"等。其中泉屋是元禄二年（1689）七月文豪松尾芭蕉[1]巡游"奥州小道"时曾停留的旅店。松尾芭蕉将自己

---

[1] 松尾芭蕉（1644~1694），诗人、俳句家。代表作《奥州小道》。

俳号中的一字赐给了泉屋年轻的店主久米之助，收他做了弟子。

公共浴池按"上下"分为男女浴槽。一般认为过去都是混浴，然而著名温泉地的浴场很多是男女分开的，这里就是证据之一。公共浴场又记作"疮汤"。山中温泉是具有疗伤效果的石膏泉（硫酸钙泉），可能正是因此得名，但根据别的温泉图我们知道，原来被叫作"疮汤"的公共温泉大概都蕴含了这一层意思。"山代温泉图"汉字记作"总汤"。"汤涌温泉图"中的公共浴池大约以出水口为界分为男女两个区域，分别写有"总汤""疮汤"字样（见图4-2）。总之公共浴场叫作"总汤"。至于山中温泉的公共浴场，在"山中温泉图"以后，譬如说天明元年（1781）的《今江组巨细掌记》当中记为"总汤"。

什么是总汤呢？中世从畿内到周边地区，在庄园制度的瓦解过程中，形成了村落自治共同体，即总庄、总村。总村掌握了村落集体所有的山林与神社祭祀组织的田地等集体土地，以及与村落共同祭祀有关的总社、药师堂、观音堂等集体财产。加贺也是"总村"式的村落构造发展很快的地方，加之"一向一揆"势力的胜利和本愿寺教团的渗透，村落被本愿寺教团独有的"组"给组织起来，自治性更为增强。

图 4-1 《山中温泉缘起绘卷》(医王寺藏)

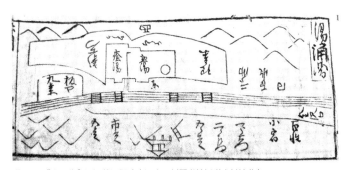

图 4-2 《六用集》汤涌总汤图 (金泽市玉川图书馆近世史料馆藏)

山林和水资源对村落生活而言不可缺少，在有温泉的地方，温泉及其有关设施也成为重要的集体财产。在以山中温泉为首的加贺温泉地，对村落至关重要的温泉水源便成了共同管理的对象，单一温泉水源或者代表性公共浴池就象征性地被称作总汤。事实上，山中温泉同样是在江户时代以后的文献或村落明细文书等民间资料当中才确认总汤的存在的。纵然如此，总汤却是在中世总村式的温泉地域共同体的形成过程中孕育的。

上杉与武田交界地的野泽温泉

上一节，我们说到在中世形成了总汤的地区，接下来我们来看北信地区（长野县东北部）的例子。其中的代表是野泽温泉和汤田中涩温泉乡的涩温泉。

战国时代的北信地区是越后长尾氏（上杉氏）与甲斐武田氏争夺霸权的前线。第三次川中岛之战前的弘治三年（1557）五月十日，长尾景虎（上杉谦信）向小菅神社（长野县饭山市）供奉了一篇乞胜的愿文。小菅神社即小菅山元隆寺，是与户隐、饭纲齐名的灵场，处在上杉氏的庇护之下。其愿文中说"北有温

图 4-3 野泽村温泉全图所绘的总汤（嘉永二年龟屋元版）

泉，虽崇山峻岭阻隔，仍有入浴者蜂拥而至"，这处热闹的温泉就是野泽温泉。

武田晴信（信玄）一方也在关注野泽温泉。在当年六月二十三日给信浓国人众[1]、担任镰仓时代以来就设在本地的志久见乡地头一职的市河藤若的信件中，武田说："景虎的阵营挺进到野泽温泉，似欲朝此地而来……你在野泽驻屯之时……若得温泉传来汇报，立即赶赴当地……"上杉军的不断靠近让武田也不敢怠慢，他与驻扎温泉当地即野泽温泉的市河藤若联系，加紧合作。

对很早就植根于北信地区的市河氏而言，野泽温泉是十分熟悉的地方。镰仓时代，野泽温泉就时不时地以"志久见乡汤山"或"汤山庄"的名字出现在《市河氏文书》中（《野泽温泉药师堂缘起》）。野泽在中世时就已经确立为温泉地了。战国时代，邻近的越后上杉谦信势力扩大，野泽便处在上杉谦信与控制了信州东南部的武田信玄双方你来我往的争斗之中。即便如此，双方都不愿将野泽温泉卷入战事。即便在战国之世，野泽温泉也

1　地方豪族武士。

是疗养者熙熙攘攘的温泉避难所。后面我们还将提到，战国大名[1]也承认温泉地的战略意义。

野泽温泉的浴场是什么样子的呢？我们能够从史料中看到大致的轮廓，实际上是江户时代以后的事情。曾在野泽温泉建设房屋和浴室的饭山藩主松平忠乔于宝永三年（1706）被幕府转封[2]。在处理旧地皮时，野泽村四名组头和有地农民联名给饭山藩家臣的陈述中，首次出现了"总汤"的字样。

与山中温泉不同，北信地区的温泉资源非常丰富。反映到温泉浴池的数量上，江户时代初期的野泽有上汤、中汤、下汤三处创始期公共浴池。这从后来的村落史料（明和八年［1771］八月《觉》）中也能得到佐证，其中最大的浴池"上汤"被冠以特殊的名称，叫作总汤。

野泽的乡村史料中经常能看到"村持"这个词。丰富的地下水、药师堂的领地、温泉以及公共浴池都是"村持"。因此，作为村落集体所有的温泉地，野泽温泉的三处创始期公共浴场都是总汤。其中，处于温泉寺健命寺与药师堂正下方的上汤是最大

1　指室町时代"守护大名"制度崩溃之后，割据地方形成的独立性极强的地方武家势力。

2　改换封地。

的一个，也是获得使用最多的一个，丰富的天然温泉从这里喷薄而出。因此它才会作为"村持"的象征，习惯上被叫作总汤吧。

村持与中世的总村持（总村集体所有）同义。江户时代，总村基本解体，百姓按照大字单位[1]整编入近世的乡村中。然而，在野泽和涩温泉所在的高井郡，"这时发展的总村式的村落里，村民按照一定的家族门第、资产、年龄等条件选出乙名[2]，通过合议的方式，订立连带的村落制度，谋求村落自治"（《山之内町志》）。这样，中世以来的合议制度，田租、劳役的汇总交纳，集体财产与自力救济的总村自治要素，也因为对统治者有利而被保留下来。自治温泉村落在整个近世期间，都以集体所有的方式持续经营着温泉资源、温泉利用设施与公共浴池。

由武田信玄重建的涩温泉寺

与野泽温泉同属高井郡（下高井郡）的汤田中涩温泉乡，战国时代也处在上杉和武田的夹缝中。背后是连绵的石头山，直到大山深处，拥有山岳信仰的高井富士（高社山）耸立于此，这

1　行政区划名。
2　即"大人""长老"。

里已成为修行和回峰[1]的圣地。从深处迸发出的喷泉叫作地狱谷温泉，由此我们也可以想见温泉的发现和利用与山林修行者有密不可分的关系。在能够俯瞰汤田中温泉的弥勒峰山麓的金仓之地，有一尊由一块巨大的安山岩石雕刻成的弥勒佛像，一半掩埋在土里。从光背[2]的铭文我们知道，建造的发愿者是平安时代末期大治五年（1130）一位叫作安应的"圣"。

在涩温泉，温泉寺是温泉场形成的核心要素。温泉寺创建时间不详，开创时大约是一座与修验道有关的密宗寺院。战国时代，统治此处山之内地区的信浓国人众高梨氏在武田氏的入侵威胁之下逃亡到上杉氏一边，这一带便成了武田氏的势力范围。中世时代，武田信玄于天文二十三年（1554）迎请信浓德高望重的曹洞宗禅僧节香德忠为中兴开山，复兴了荒废的温泉寺，并赠予了寺产领地。

温泉寺内也有温泉涌出。过去这里还有著名的信玄锅炉蒸汽浴场和浴池。涩这一地区温泉十分丰富，居民们共同管理的公共浴场有十余处。根据本地沓野村的《沓野史》（收录于《和合

1　日本修验道的转山修行方式。

2　佛像背后表示光明的装饰。

会的历史》）的记载，弘治二年（1556）武田信玄命令整修温泉寺，筑造浴槽，由此可知寺门前温泉场的公共浴池应该在更早的时候就已经存在了。

根据江户时代元文五年（1740）九月沓野村村官以下连众向温泉寺提交的《差上申证文之事》，涩的总汤得以确认。证文是在把寺院领地内涌出的温泉引出来建造浴场时为取得许可而写的，在此基础上，很可能进一步增加了公共浴池。其中可以确认的有"泷之汤"和"总汤"两处公共浴池。

根据后来的村落史料（譬如宝历十二年［1762］十二月《汤田中村沓野分午检地本田水帐》），涩温泉的浴场也是由"村中"即村持集体所有。涩与野泽一样，拥有多处公共浴池，其中规模最大的公共浴池就被象征性地称为总汤。在描绘有涩温泉样貌的江户时代中期版画（《和合会的历史》）当中，高药师石台阶下方广场的半地下有一座"本汤"。除此之外还有多处公共浴池，本汤最大，且在其中心。本汤和现在的涩大汤是同一个地方。涩的总汤也被叫作本汤。

把主要泉源及其公共浴池称作"大汤"主要是日本东部地区的做法。其中汤田中涩温泉乡的涩、汤田中、安代、

热气氤氲的汤畑是草津温泉街的标志

"日本三大古汤"之一有马温泉的温泉神社

南纪胜浦温泉，海岸边有丰富的温泉水涌出，形成露天浴场

南纪白浜著名的海边露天温泉"崎之汤"

"日本三大古汤"之一的道后温泉本馆

冈山县汤乡温泉的源泉地

鹿儿岛县的荣之尾温泉，坂本龙马夫妇曾至此地疗养

长崎县云仙温泉的"地狱谷"，常年笼罩在高温水蒸气中

铁轮温泉街

由于开汤传说与一遍上人有关，

这里佛教信仰兴盛

"别府八汤"之一铁轮温泉的"海地狱"

江户时代流传下来的《箱根七汤方角略图》

明治时代画家小林清亲创作的版画《箱根底仓汤本万年桥》

第三代歌川丰国（歌川国贞）创作的《光氏温泉游兴图》

歌川几三郎（歌川芳春）创作的明治时代的温泉指南之一《野州二荒山温泉图》

野州即下野国（今栃木县），画中描绘了自南面鸟瞰的二荒山温泉（今日光温泉）。右上有一座温泉神社，体现了当地汤治与信仰相结合的温泉文化

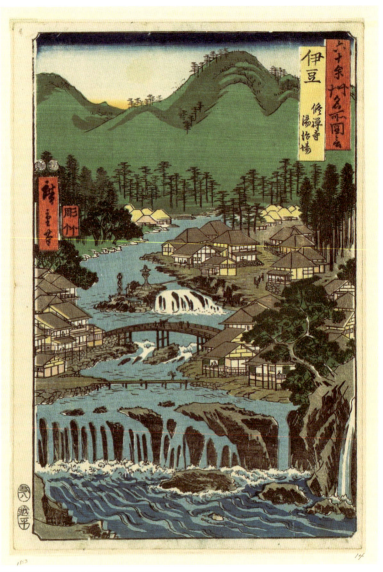

歌川广重创作的版画《伊豆修禅寺汤治场》

角间、穗波、星川六个温泉地有六处大汤，这是十分稀有的。大汤是每个温泉地最具代表性的公共浴场的名称，其源头就是发源于中世时期、历史上的公共浴池总汤。

2 "某某隐蔽温泉"的含义

武田信玄的草津汤治临时停止令

永禄十年（1567）五月四日，武田信玄对自己统治下的上野国西北部（群马县吾妻郡）地方武士、土豪集团三原众发布命令，以"附近居民的诉求"为由要求从六月一日起到九月一日的三个月中"停止一切贵贱人等的草津汤治"。草津温泉在夏季三个月里多有疗养者聚集，信玄禁止一般人等入浴，是出于一个军事判断。

信玄与谦信的攻防战使得越后去往关东的出入口上州（上野）地区情势紧张。上杉谦信的主君、山内上杉家的关东管领[1]

上杉宪政遭受北条氏[1]攻击，逃亡越后，上杉谦信因此得到了讨伐关东的口实。永禄三年（1560），为讨伐北条氏，上杉谦信与上杉宪政出兵上野国。次年，与之敌对的武田军也攻入上野西部。武田军的优势，是成功让信州上田城的真田氏（真田幸隆）加入己方，强悍的吾妻地区的地方武士、土豪也追随吾妻郡代[2]真田氏投效。其中就有控制草津一带的汤本氏。

上野成为对抗的前线，争夺城池的地方武士、土豪分别加入上杉、武田两军阵营之中。上杉、武田军侵入上野，永禄年间后期，这里的战争持续不断，死伤者频出。在这个兵士和农民尚未分离的时代，被动员起来参与战争的是包括地方武士在内的普通农民阶层。温泉疗养在治疗这些伤者，让他们作为有生力量回归战场这方面起到了非常大的作用。

温泉疗养停止令发布的前一年即永禄九年（1566），吾妻郡落入信玄的控制之中。信玄通过真田氏的下属汤本氏，将上野西部最大的温泉疗养场所草津收入囊中。这时万座温泉也是可以住宿的温泉疗养场所，一位地方实力派土豪羽尾氏就是在万座温泉

1　以关东相模为中心拓展势力的后北条氏。

2　地方守护代的别称。

疗养时，被土豪镰原氏趁机夺取了城池。

为了把草津变成己方阵营的康复中心，就需要把参与战斗的地方民众和武士以外的入浴者驱赶出去。可以说信玄是在草津的旺季采取了上述措施，因为信玄更大的目标，也就是进军三河、尾张地区的计划已迫在眉睫。纵然在地理位置上处于高处，草津温泉却是声名在外，信玄想要独占这处有大量游人的温泉，唯有采取这样的办法。但对于那些并不知名，入浴者不多，处于偏僻场所的温泉就可以采取不同的措施了。

战国的统治手段"隐蔽温泉"

武田信玄名列战国大名，被称作"信玄的隐蔽温泉"的温泉地特别多。从分布上来看，在其根据地甲斐有下部、增富镭、川浦、积翠寺、要害和甲府的汤村温泉等。信州则有涩、八岳山麓的涩御殿汤和上田的大盐温泉。骏河国有梅岛温泉（静冈县静冈市）。相模国有丹泽中川温泉等。除上野地区以外，皆与信玄时代武田氏所掌控的最大版图重合。在下部温泉，还保存有武田信玄及其父信虎颁给守护岩盘底天然涌出泉的老字号店铺的汤免状文书。

"隐蔽温泉"有个共同点。众所周知，入浴者多的温泉是无法成为隐蔽温泉的。它们基本上都位于交通不便的深山老林，是只有少数人才知道的汤治场。这样的场所便于管理。从这点上来讲，涩温泉与其说是"隐蔽温泉"，倒不如说是虔诚的武田信玄为了温泉寺，特别庇护的温泉地。

这样的温泉本身是怎样的？有强碱性单纯温泉、放射性物质泉、硫黄泉、食盐泉，还有大盐温泉这样的石膏泉，各有差异，并无共同特征。除了汤村温泉和川浦温泉以外，甲斐缺乏高温温泉，特别突出的是冷泉和微温泉。但是，微温泉可以长久浸泡，作用于副交感神经上，能够放松身心，消除紧张，缓解疲劳，温暖肢体末端，促进新陈代谢。同时，有效矿物质成分能够很好地从皮肤渗透到体内。比起水质，更重要的是能够对身负刀伤、出血、骨折、跌打损伤和全身疲劳的战争负伤者起到很好的康复作用。这样的温泉古来就被叫作"伤之汤"。

一般有治伤温泉之称的温泉，都是富含具有止血功能的钙离子或者对皮肤有治愈效果的硫酸根离子的石膏泉等硫酸盐泉，以及杀菌能力和保温效果出众的食盐泉。大盐温泉是前者的代表，传说在川中岛之战时起到了治病疗伤的作用，从地理位置来看可以相信这一点。另外，增富镭温泉这样的放射性温泉，自古以来也因其减轻痛苦和疲劳的效果受到了海内外，特别是海外的瞩目。

此外，还有一个基本可以算是"隐蔽温泉"共通点的关键，也是能将温泉变为"隐蔽温泉"的要因。下部温泉是从岩盘底部裂缝自然涌出的温泉，被认为有疗伤之效，周边有汤之奥金山，以其为代表的金矿在最盛时据说达到37处。从武田信玄的父亲信虎的时代起，武田氏的亲戚穴山氏就掌管这一带。增富镭温泉和骏河梅岛温泉的金山也广为人知。地质年代第三纪的浅热水性矿床中金银交融、沉淀，金银矿与温泉的关系引起了地质学界的广泛关注。

说到矿物资源，草津和深处的万座温泉富含硫黄成分，传闻本地的汤本氏曾从这里采集黑火药的原料硫黄，并进献给信玄五箱。向火器技术发达的宋朝出口硫黄一事，更是充分体现了硫黄对火山和温泉大国日本而言是重要的战略物资。[1]

对武田氏而言，"隐蔽温泉"和自己麾下的汤治场确实发挥

1　硫黄在宋、元、明中日贸易中是日本向中国出口的主要商品之一。

了一定作用。近年来史料价值重新获得肯定的武田氏兵书《甲阳军鉴》诞生于天正年间（1573~1592），其中记载道，武田军出兵信浓，天文十六年（1547）八月与村上氏交战，信玄负伤，遂来到跟前的汤村温泉疗养。武田氏三代的宅邸其实是被温泉包围的。信玄的父亲信虎将宅邸搬到现在武田神社所在的踯躅崎，其背后由要害城所在的山峦谷地守卫，古刹积翠寺附近有一座积翠寺温泉。这是个富含硫酸铁成分的冷矿泉。宅邸的西侧，具有烽火台功能的汤村山中有汤村温泉，这里修筑了汤村山城。宅邸的附近就有可以使用的温泉。这样的构造，与织田信长的妹妹阿市的丈夫浅井长政的小谷城下宅邸附近的须贺谷温泉的情况十分类似。

　"某某隐蔽温泉"也同样适用于包括上杉氏在内的领地内有温泉的其他战国大名。即便不叫"隐蔽温泉"，也能看到其他按照己意管控领地内温泉的例子。天正十三年（1585）八月，针对箱根宫城野木贺温泉，北条氏向其管理者发布了朱印状文书（《箱根温泉史》）。文书中说，在北条氏外出时，宫城野温泉（木贺温泉）被定为"留汤"是惯例，而被派往京都的家臣在出发前请求用 5 天时间来此疗养，可以获得准许。所谓

"留汤",就是除了有关人员以外,其余人等一律不得来此入浴的温泉。北条氏将宫城野温泉设为了专用温泉场。战国大名时常将温泉浴池设为留汤,是与公共浴场、总汤完全不同的另一种形式。

3 战国大名的温泉地保护令

箱根温泉与北条氏的禁令

北条氏家祖伊势盛时(一般称为北条早云)攻取伊豆国被视作战国时代的序幕之一。在接下来进军关东、统治相模国的过程中,北条氏认识到箱根山的战略重要性,箱根温泉也得以受到北条氏的庇护。

北条氏纲邀请京都大德寺住持以天宗清,在箱根汤本建立了父亲早云的菩提寺¹早云寺。此后,这里甚至被称作北条氏"足浴场",作为温泉地发展壮大。文龟二年(1502)七月三十日,连歌师宗祇在投宿汤本的夜晚辞世,公家、歌人三条西实隆

---

1 为某一家族固定提供丧葬和超度供养的寺院。

在其和歌日记《再昌草》中写道："（宗祇）在汤本入浴，正欲上岸时忽感身体不适，随即撒手人寰。"江户时代的箱根导览中记述，宗祇入浴的浴池也叫总汤，里面有四个区域。

因为北条氏在统治领国时，缺少可继承的领地和世世代代侍奉的家臣，所以很早就开始了土地清查和税收改革。通过保障地方土豪、实力派上层农民对既有领地的所有权，建立与乡村势力间的隶属关系，并保障各村的自治体制，以此掌控纳税民众。因此，对持有箱根温泉的村落，北条氏也下发了很多对象为"百姓（农民）"或"有地农民"的文书。

譬如对拥有底仓、堂岛、宫之下三处温泉的底仓村来说，前来温泉疗养的武士常常擅自索取薪炭、木材等疗养必需品以及兵杖（武器）、装酒水的瓶子等，令村民非常困扰。对此，北条长纲（北条早云之子）于天文十四年（1545）三月八日，北条氏于天正十三年（1585）下发禁令向"底仓农民"承诺，若不能出具北条氏签字画押的文书，武士们的任何要求都可以不必理会。作为重要的箱根温泉的领主，北条氏摆明了要维护温泉疗养场所安定的态度。

柴田胜家对山中温泉的禁令

保护温泉地的禁令在其他地方也能看到。永禄七年（1564）九月，室町幕府将军足利义辉在前往有马温泉进行疗养时，向"汤山"（有马温泉）发布了"前来疗养的诸人等不得为非作歹、打架斗殴，不得滥伐山林"的禁令（《有马温泉史料》）。

在加贺山中温泉，下发禁令的是柴田胜家。此事的背景如下：柴田胜家奉织田信长命令攻灭越前国朝仓义景，接下来为了歼灭临近的加贺"一向一揆"势力而发起了攻击。他进攻山中温泉附近的黑谷城，击退一揆势力。其后，织田信长出于一统天下的战略，于天正八年（1580）闰三月与"一向一揆"势力的背后力量石山本愿寺讲和，并约定归还加贺国。因此，织田信长命令柴田胜家停战。

柴田胜家于当年八月发布关于"山中温泉"的禁令，命令自己的军队"不可为非作歹、抢掠、放火、采伐竹木"，"若有违犯，严加处罚"。

发布禁令或公告，具有命令"不可在此地行某事"的约束力。写明禁令的对象，令拥有压倒性军事统治实力的一方以此约束己方，这就是禁令的意义。

战国大名一般都会颁布关于宗教圣域寺院和神社以及自治乡、村的禁令或公告。写明公告对象为"山中温泉"，向温泉地、疗养地也发布禁令，这一点是十分重要的。

正如我们通过"隐蔽温泉"所能看到的，战国大名认可温泉的意义，他们认识到只有温泉获得安定，才能给将兵们提供疗养的机会。特别是山中温泉是莲如上人也曾前来疗养的地方。在与本愿寺媾和的背景下，我们认为柴田胜家一方应该也更加充分地意识到了山中温泉安定的重要性。

丰臣秀吉对底仓温泉的禁令

面对意在统一全国的丰臣秀吉，北条氏到最后也没屈服。天正十八年（1590）丰臣秀吉发动大军逼近小田原城[1]。秀吉军占领各处支城，占据箱根各村大肆掠夺，村民逃入山中。底仓村也有"关白[2]大军攻入，追逐底仓百姓，百姓四散而逃"（《旧底仓村藤屋勘右卫门所藏古文书》）的场面，状况十分凄惨。

1　即小田原征伐战，丰臣秀吉统一日本的最后一战。小田原是北条氏根据地。

2　丰臣秀吉担任的朝廷官职，原本世代由藤原氏担任。关白将其职让与其子后尊称"太阁"。

图4-4 底仓温泉图(《七汤风趣》)

底仓村民以经营温泉疗养场所为业。因此,底仓村农民代表和村长安藤隼人等人来到在箱根扎营的德川家康处,经德川家康介绍,从丰臣秀吉手中获得落款为当年四月份的三条禁令。

交付"相模国底仓"的禁令,内容与此前的文书相同,"军队不得为非作歹、肆意放火",并增加了"不得对平民百姓提出任何过分不合理的要求"的条款。

禁令是在村落的恳切请求之下下发的。作为代价,丰臣秀吉命令底仓村筹备"关白御马饲料"。战乱之中,村民们逃入山中,为军队的征发调取伤透脑筋。

虽说禁令文书在战国时代非常常见，但为温泉这样的特定场所下发禁令，具有很大的历史意义。从这里我们可以看出温泉作为安定、和平的疗养场所的特性。

这时的禁令是在村民们恳切请求之下发布的。之后丰臣秀吉又以直臣片桐且元的名义，发布了在底仓村"不得擅闯、占据温泉及旅店或为非作歹，唯取得店主同意方可进入"的命令。

传闻在小田原之战中，将兵们来到底仓村天然岩浴场，此处浴场是由蛇骨川溪谷崖涌出的温泉汇聚而成。他们在此惬意入浴，秀吉也一同入浴。这个天然岩浴场被冠名以"太阁石浴场"。如果秀吉真的曾在此入浴，那便是在这场战争刹那间的和平里，充分领受了温泉这一疗愈场所的恩惠吧。在这前后，秀吉与温泉的缘分也加深了。

4　太阁秀吉与有马温泉的汤女

秀吉的汤山御殿与泉源改造

即便到中世，有马温泉也吸引着贵族和文人纷至沓来。义堂周信在镰仓居住时曾不时去热海，回到京都以后于康历三年（1381）二月至三月去了汤山（有马）。室町时代后期的《汤山联句钞》当中收录了前来汤山游玩的禅僧们的汉诗连句，禅僧们在入浴的闲暇，以诗为兴，唱和交通。

八坂神社的执行[1]显诠所著《祇园执行日记》（《有马温泉史料》）应安四年（1371）九月二十二日和十月五日记载，有马的主要温泉水源"元汤"的公共浴池已经分成"一汤"和"二汤"两处。临济宗禅宗瑞溪周风[2]的《卧云日件录》（《温泉行纪》）在宝德四年（1452）四月提到，温泉的浴池被分隔为南北两个。浴池的石底之间涌出泉水，各浴池不大，十人以上就无法同时入浴。

我们能够了解浴场内部构造的中世温泉唯有有马一处。对已经成为"天下人"的丰臣秀吉而言，他时常乐于效仿京都贵族的嗜好。既然喜好温泉，就想要寻访。

关于秀吉何时初次前来有马温泉，有多种说法。水户藩出身的医师加藤曳尾庵在其著作《我衣》中说："摄州有马温

---

1 京都八坂神社社僧的长官。
2 室町时代中期著名禅僧。

泉……天正四年（1576年）太阁秀吉公入浴"，这一记载恐怕
时间过早。这一年，织田信长进入安土城，有马温泉则在享禄
元年（1528）的大火中被毁，尚是一片荒芜。之后另一个说法
是，为争夺信长死后政治主导权的秀吉在攻破柴田胜家后，于
大坂城[1]建造前夕的天正十一年（1583）八月十七日来此入
浴。据说他因获得疗养的机会向温泉表示了感谢（《有马温泉
史料》）。这应该是秀吉的初次有马之行。此后，秀吉与德川家
康、织田信雄[2]军在尾张对峙，战况胶着时，秀吉返回大坂，
于天正十二年八月二日再访有马温泉（《有马温泉史料》）。这
是第二次来访。

　　这以后，秀吉多次来访，并于天正十三年（1585）和天正
十八年（1590）在有马举办了茶会。秀吉的有马之行，有两点值
得注意。

　　第一，秀吉修筑了他在有马停留时的居所汤山御殿。文禄
三年（1594）伏见城竣工之后，秀吉在这里建立了最早的别庄
（御殿）。两年后即庆长元年（1596）闰七月十三日发生庆长大

1　即大阪。历史文书中多记作"大坂城"，本书译文均从原文。
2　织田信长之子。此役即"小牧·长久手之战"，此役后德川家康与丰臣秀吉讲和。

地震，御殿和有马的温泉房屋、民家损毁严重。从一汤、二汤涌出的泉水温度骤升，成为热水，入浴变得困难起来。不过，此时从现今极乐寺寺内的位置涌出新泉，于是便有了利用新泉，转移并重建汤山御殿的计划。

根据庆长四年（1599）有马善福寺僧所著的《有马缘起》（《有马温泉史料》），前一年即庆长三年正月御殿重建，开始修整温泉设施。据说秀吉原本打算在温泉设施修整完毕以后再度来此疗养。然而，秀吉于当年八月辞世，有马再行未能实现。

进入德川时代，御殿被拆毁，长期深埋地下。阪神大地震时因为极乐寺库里建筑部分损毁，重建时进行了考古调查，果然发现了传说中的御殿遗迹。遗迹的主体构造是汤殿建筑，其中还能看到整修过的用于暂时储存泉水的汤槽和导水管、岩浴场、蒸汽浴场等。

第二，秀吉对有马温泉的水源和浴槽进行过改装。天正十三年（1585）秀吉命令改装。大地震后，他命令五奉行于庆长二年（1597）六月着手摊派建造任务，次年三月竣工。根据《有马缘起》，奉行们调查过往的资料，重修温泉水源浴池，使之恢复到能够入浴的水温。彻头彻尾的改建工程使得有马温泉直到江

图 4-5　随着有马民谣起舞的汤女（《滑稽有马纪行》）

户时代仍然作为著名温泉享有盛誉，秀吉因此被称作有马的第三
复兴者。

有马汤女的出现及其职能

　　江户时代前期宽永三年（1626）儒学者小濑浦庵编纂的《太
阁记》中说，秀吉在有马温泉疗养之时，"赏赐有马金钱二百贯，
汤女等五十贯……"（《太阁记·卷十六》）此外还有发给"汤女
二十人"俸禄米的记录。二十人这个数字是因为这时在有马被称
作"坊"的旅店确定为二十家，前往公共浴池入浴时按照一汤二
汤各十家分配，各坊拥有年轻的"小汤女"和年长的"嫁家汤女
（大汤女）"各一名。

因为浴场只有本来的公共浴池一处，有马"汤女"的职能，就带领各旅店住宿的旅客前往浴场，出色地指示和引导他们入浴。曾访问有马温泉的林罗山于元和七年（1621）所著的《摄州有间温汤记》中写道，在浴场泡汤时间过长，就会有"婢女"厉声呵斥，请他离开。据说"汤女首次出现于仁西上人再兴有马温泉的传说里"，但很难说这一传说是否能够追溯到镰仓时代。

前面提到的《卧云日件录》详细记录了瑞溪周凤于宝德四年（1452）四月七日至二十八日在有马温泉疗养三次的见闻，但其中没有任何关于仁西上人的记载。说起来，还有一种说法是仁西上人再兴有马温泉的传说是在享禄元年（1528）温泉寺（药师堂）被火烧毁后，重建之时从劝进集团[1]所作的劝进帐中渐渐流传开的。

因此我们认为，比传说中的时间点更早，担负前述职能的女性们在中世末期就已经出现在有马。藤原定家的《明月记》记载说，元久二年（1205）闰七月八日，他来到前年曾住过的旅店

---

1 劝进，指为寺院神社及公共工程的修建或修理募集资金及资源的工作，一般由僧侣负责。记录劝进理由和背景的文书为劝进帐。

"上人汤屋"，店主夫人是一位女尼[1]，她招募其他的女尼，招待定家沐浴。[2]我们能够看到旅店女主人及其他帮忙的女性为旅客入浴提供便利的情况已经开始出现。

除了负责入浴后指示引导的汤女之外，在待客时还出现了"仅限本地出身，身着白衣红袴，在身份显贵的客人入浴前后休息时，专以弈棋、弹琴、歌咏、演唱时兴的曲调等为客人打发无聊时光的女性"（《有马温泉志》）。她们最初仅接待上流顾客，到江户时代后期大根土成《滑稽有马纪行》里面连一般旅客也接待了。这类女子常与江户时代前期在钱汤中流行的汤女澡堂里的汤女混淆。

关于汤女澡堂，根据庆长十九年（1614）三浦净心著《庆长见闻集》，出现于江户时代前期。从此，汤女一词及其存在逐渐带有了色情的意味。但说起来，原本汤女一词的由来就有仔细斟酌的必要。

武田胜藏认为，"浴堂有负责管理的僧人，叫作汤维那……

1　中世妇女常在年老时与丈夫一同出家，或在丈夫死后出家。出家为尼之后仍住在家中。

2　藤原定家原文作"上人屋汤屋师茂妻尼数多人募集云云，仍取寄汤浴，不向其屋"（《明月记》），可理解为"店主师茂的妻子（未必是女尼）招募女尼多人"，或"店主师茂的妻子是位女尼，她招募多人（未必是女尼）。"故作者所记有误。

简称汤那，这个词就是汤女的语源[1]"（《澡堂与温泉的故事》）。
《日本国语大词典》的解释也因循此义。确实，东寺所传中世
古文书集《东寺百合文书》中能够找到"汤那""汤那处"的
字样。镰仓中期经尊所著语源辞书《名语记》以问答的形式记
录道："澡堂里烧水的人之所以被叫作汤那，大概是从寺官维
那来的吧。"这说明"汤维那"是与寺院的浴室、温室有关的
职务。但是，把汤维那的简称汤那直接解释成"汤女的语源"，
尚有讨论的余地。

南北朝时代诞生的《太平记》写道："汤屋澡堂的年轻女使
役……"由此我们知道，这时京都已经出现了在公共浴场工作
的女性。这里并没有出现汤女一词。室町时代后期16世纪中
叶的辞书《运布色叶集》中，"ゆ"这一项里有汤女一词，读作
"ゆちょ（yucho）"或"ゆじょ（yujyo）"。到了江户时代，同
书的传本中将其记作"ゆな（yuna）"，但由于室町时代后期在
温泉相关的地方工作的女性叫作"汤女（yujyo）"，所以我们难
以认同这个词是从寺院的"汤维那"或"汤那"派生而来的。

---

1 "汤女"和"汤那"日语都作"ゆな（yuna）"。

室町时代的《政觉大僧正记》记载，政觉在长享元年（1487）三月十三日赐给一名"汤名（yuna）女"汤帷子一件（《有马温泉史料》）。这时，有马温泉已经出现了被称作"ゆな（yuna）"的女子。《大乘院寺社杂事记》中的永正二年（1505）条目里出现了向"一汤"的"维那"交付一百文钱的记载。另外的史料《荫凉轩日录》里则多次提到有马的僧侣"小维那"。正如《卧云日件录》所载，温泉寺是公共浴场的地主。以温泉寺为首的寺院、僧尼、汤圣（僧）对有马的影响极大。公共浴场划分为一汤、二汤，可以认为僧侣也参与了经营管理。由此可以想到，同样是管理温泉入浴，女性的称呼在有马或许受到了僧侣职务名称的影响。

第五章 『德川和平』之下的汤治旅行与御殿汤……

江户时代

1 德川将军亲信们的热海

温泉地计划与定居下来的人

战国时代尾声，失去领主的旧家臣、地方豪族和地方武士们愈发倾向于定居温泉地。其中代表性的事例就是江户时代前后的伊香保温泉。伊香保温泉最初处于涩川白井城主白井长尾氏的统治之下，后来陆续从上杉氏归到武田氏，最后进入北条氏的势力范围之内。白井城主长尾辉景在天正十四年（1586）颁给伊香保的土豪们一纸书状，从那里可以清楚地看到温泉管理的相关规定，以及从侧面看出将兵们使用温泉的目的是疗养（北条浩《温泉法社会学》）。

木暮、千明、岸这些实力派地方豪族共 14 户在 16 世纪末定居伊香保后，伊香保村的纳贡农民摇身一变成为名主阶层的"家主"。有了这种优越的立场，再加上山手的泉源和榛名山腹斜坡的地理条件，温泉场的计划便提上议程。

从山手喷涌而出的唯一的泉源借助斜坡修了一条大堰，源泉向下流淌有了渠道。大堰两侧各 7 户共 14 户，各自修建房屋和旅舍，用一种叫"小间口"的测量法测量设置引流口，从大堰引温泉至各门户。这也就是今日所见伊香保温泉独特的石阶街的原型。这是日本最早的计划性建设温泉地的案例，获得很高评价。

即便同是家主层，地处大堰上游的实力强劲的上组 6 户与条件较差的下组 8 户之间围绕泉温与温泉配给量也是争端不断。上游引流更方便，且泉水不易冷却，但是家主层以外分不到温泉，只能成为从属家主层的门屋层。因为是在火山山腰上，这里农作物的生产受限，只有靠温泉谋生。在伊香保，因为地方豪族持续统治，会从泉源地以外的地方引流其他温泉新建温泉场，所以没有出现总汤或共同浴池。

关于山中温泉，由于灭了柴田胜家一门的丰臣秀吉于天正十六年（1588）在江沼郡实行刀狩猎[1]，被解除武装的地方武士

---

[1] 除武士以外，没收僧侣和平民的武器。

图 5-1　伊香保温泉的石阶街

　　与农民，开始在温泉场定居。"汤本十二舍"这一数字虽说只是一种流传的说法，但是汤本一地的农民开始管理泉源与总汤，围绕着总汤广场经营旅舍是事实。

　　以继承了总村时代乙名地位的汤本农民为核心力量，结成了一个叫"山中百姓中"的组织。加贺藩初代藩主前田利长于庆长七年（1602）十二月二十日与翌年五月二十二日分别给"山中百姓中"寄去收款凭据，上面写着"山中汤钱银子合七百目"及"合五百目"（《加贺藩史料》）。汤钱是税金，汤治场繁荣昌盛，到访入浴客众多且留宿，可以收到很可观的汤税。拥有实力派温泉地的藩的财政收入与温泉场的重要性紧密相关。

江户时代的计划性温泉地建设，除伊香保之外还有别处。一处是信州的山田温泉（长野县高山村）。从松川溪谷的元汤松川汤到两公里外下游的附近三村集体所有地之间，修筑了引泉工程，宽政十年（1798）建成秩序井然、划分合理的温泉街，建造了守护温泉的药师堂，并将从药师堂延伸出的道路两侧46处居住地划分出来，给三村分配居住权（梨本家文书《引汤牛洼屋敷割之事》）；分配了两处共同浴池给中央的温泉广场，其中一处"本汤壶"就是现在的山田大汤。

另外一个例子是越后的赤仓温泉。蒙高田藩援助，赤仓地区在文化十三年（1816）从妙高山地狱谷南北两处引出几公里的泉水，计划性地建造温泉。

德川家康与热海

战国时代，热海由北条氏领国直辖。不光是作为温泉场，即便作为港口或者宿场[1]，热海也至关重要（《热海温泉志》）。北条氏先是抵抗丰臣秀吉，后与德川家康结盟，而德川家康则追随丰臣秀吉，加入天正十八年（1590）的小田原之战。战后，北条氏的领国就被分给了德川家康，热海也移交德川氏管理。

文禄二年（1593）九月，时任关白的丰臣秀吉之甥丰臣秀次，前往热海进行温泉疗养。当然，这是家康的命令。德川家康是什么时候第一次前往热海的，没有定论，但是《热海温泉由来记》上可找见德川家康主从于庆长二年（1597）三月到访，特地隐姓埋名逗留的记载。《热海温泉由来记》是由江户时代热海的名主，在此地经营本阵[2]的今井半太夫家传承下来的。

关原之战胜利后，德川家康在庆长八年（1603）二月被任命为征夷大将军，创立江户幕府。幕府的官方记录《东照宫御实记》记载了以下史实：翌年庆长九年三月初一，德川家康离开江户城前往京都，在第九子五郎太丸（初代尾张藩主德川义直）和第十子长福丸（初代纪州藩主德川赖宣）的陪伴下，途中在热海

1　相当于古代的驿站或现代的公路休息站、服务区。

2　供大名、幕府官员等住宿的官方旅店。

逗留七日。德川家康非常认可热海温泉的效果。江户前期，热海主泉源的大汤被写作本汤。同年七月，周防、岩国地区的大名吉川宏家身体有恙，想用热海温泉疗养，德川家康就让人从本汤引流了五桶泉水送至当时吉川所在的大坂。德川家康在慰问安抚大名的时候会利用热海温泉，也会向身边的要人推荐热海的温泉疗法。

被推崇为"神君"的德川家康十分喜爱热海，这样的热爱被后来的历代将军继承下来。第三代将军德川家光十分期盼去热海进行温泉疗养，他任命将军护卫官和豆州代官二人为奉行，于宽永元年（1624）在热海建造御殿，宽永十六年又改建御殿。然而家光本人终究没能前去，不过他的爱妾品川御前访问热海的史实留在了名主今井家的《热海名主代代手控拔书》上。

仿照家康引流温泉的先例，那些没办法去热海的将军启动了从热海将源泉引流到江户城的工程，称为"御汲汤"。之前已经说过，在有马温泉的引流与配送之后，到了镰仓时代在热海也出现了用船只运送温泉的做法。从这里开始，"御汲汤"也成为一大惯例。

将军御汲汤与汤桶

根据今井家的记录，在第四代将军德川家纲时代，也就是宽文年间（1661~1673）早些时候出现了御汲汤。按照住店记录，宽文二年（1662年）十一月为了取用御汲汤，骏府城代松平重信以下奉行三人在热海留宿。只有店主们才能负责在本地的御汲汤业务，他们用水管从热海引流大汤的泉源营造内汤，建立环绕大汤的旅店"汤户"。作为回报，汤户们获得了特权地位。汤户基本上只有二十七家，他们被称作"汤株"，有大汤的专属使用权，并且准许称姓和带刀。

德川将军家系图（数字表示就任将军的顺序）

在幕府的官员和奉行的指示之下，御汲汤的取用有着严格的流程。先是身着带家纹的正式服装和绔并蒙面的店主用长柄勺从大汤中取水，倒入崭新的丝柏木水桶当中，然后将水桶封死；接着身强体壮且装束整洁的力士们利用助乡制度[1]运输汤桶，日夜兼程以接力的形式搬到江户。首先运到江户桥，再由另外的劳力送到江户城内的仓库储存起来（《热海温泉志》）。

在第八代将军德川吉宗的时代，从享保十一年（1726）起的九年间被运到江户的御汲汤共有3643桶（《热海市史》）。最初是陆运，后改为从热海附近的竹栅进行海上运输。病弱的第十代将军家治也有这个需要，从天明四年（1784）起至第二年，共有229桶御汲汤被运送至江户城。草津、箱根等各温泉地也有向将军家进献温泉之事。

因为御汲汤的缘故，热海温泉成为将军御用品牌，这就催生了江户民众对热海泉水的强烈需求。在江户出现了零售热海汤桶的店铺，汤屋、澡堂则以"药汤"（《近世风俗志》）的名义提供热海温泉水，成为招牌产品。这对于汤户们而言也是巨大的商

1　日本江户时期的一种劳役制度。德川幕府为了维持各街道宿场的正常运作，向宿场附近的村落召集人手和马匹充当徭役。这些提供徭役的村子被称为助乡村。

机。根据山东京山的《热海温泉图解》所说，用来装温泉水的酒桶为了消除酒味需要先浸泡温泉 30 日左右，方可用来储存现引温泉。

说到汤桶买卖，到了江户后期，除热海之外，贩卖箱根、汤河原、伊豆（伊东温泉）等地温泉水的店铺也大为增加。那些很难有机会亲身去泡温泉的江户人，也能够通过从各地运送而来的温泉水，加钱在汤屋以药汤或某某汤的名义感受片刻温泉疗养的惬意。

大名们的热海疗养

在德川家康的推广下成为将军御用温泉地的热海，距离参勤交代[1]往返所经过的东海道并不远，离大名们在江户的宅邸也很近。在幕府直辖领地里，大名们的逗留也相对自由，向幕府提出要疗养，都可以获准去热海。既然从德川家康开始将军家就特别热衷于温泉疗养，那么即便是日常监视、戒备着大名们动静的幕府，对大名、贵妇人、幕臣们的温泉疗养愿望也是极为宽容的。这样，江户的疗养、温泉文化就愈加兴盛了。

1　各藩大名定期在江户城与自己的领地之间交替居住的制度。

大名们在本阵住宿。热海有今井半太夫家和渡边彦左卫门家两个本阵旅馆。根据目前尚存一部分的今井家宿客名单，可以看到江户前期逗留于此的主要大名有小仓藩主细川忠利、萨摩藩主岛津光久、水户藩主德川赖房、对马藩主宗家、老中[1]松平信纲、仙台藩主伊达忠宗、南部藩主南部重直、加贺藩主前田纲纪、弘前藩主津轻信义，仅今井家本阵旅馆就有超过80位大名留宿（《热海市史》）。如果再加上贵妇人和幕臣，就不可计数了。

通过《热海市史》，我们来看一下获得温泉疗养许可之前需要做些什么。大名当中首席级别的加贺藩主前田纲纪老早就出于养生目的向幕府申请热海疗养。万治二年（1659）二月六日夜，将军德川家纲的使者专门来到江户的加贺藩邸，传达"准许休假"的指示。七日，前田纲纪亲自去江户城致谢，至八日他才出发。

再来看元禄十二年（1699）水户德川家的分家常陆额田藩主松平赖贞的例子。藩主松平赖贞向随行去温泉疗养的家臣支给经费是二月十五日。二十五日，在当地做准备的藩主亲随在途中的

1　将军直属政务官，在幕府官员中地位极高。

根府川关所领取票据。二十七日，藩主亲自拜访幕府老中阿部正武，向幕府表达了长期以来想到热海疗养的愿望，并提交了申请书。二十九日，老中差人叫来松平赖贞的家臣，将许可书交给了他。同时阿部正武说："虽说时节正佳，正好养生，若是热海温泉合适，那是最好；如若不然，请任意再择近处其他温泉。"松平赖贞于是迅速地向参与决策的老中等人致谢，并给将军家本家也打了招呼。他还一点儿不倦怠地提交了留居江户期间的轮值差事和江户城内工作的请假申请。大名们去一次温泉疗养，需要把各种流程执行到这般地步。

也有关于大名温泉疗养内情的逸闻。刚才提到，加贺藩主前田纲纪去热海是为了养生，但他热海之行的第一站是途中的相模国，那里有前田家的鹰场，他在那里花了一个多星期来举办壮观的鹰猎活动，并在大矶的海边捕鱼。到了热海以后，他又围猎野猪。此次旅程并非治病之旅，而是放松身心的养生、温泉疗养之旅。

以热海汤户为代表的本阵旅馆也做好了迎接大名们的准备。据《热海温泉志》，热海的特色之一是能够眺望极具特色的初岛周边海域，为此本阵旅馆的建筑物也有意识地注重了眺望的功能。

今井家本阵修筑了一壁楼，渡边家本阵修建了一色亭，二者都是眺望视角更好的楼亭建筑。在大名和富裕疗养客游玩期间，热海最重要的产业捕鱼业也成了观赏对象，成了一种娱乐。在海边撒网捕鱼的鲷网活动与间歇泉大汤观光一道，成了重要的旅游资源。

2　藩主们热爱的御殿汤

藩主们将目光投向本地名汤

在江户滞留的大名们想要去温泉疗养必须提交申请，但如果是去本藩内的温泉地或疗养场所就没有这个必要。这样，藩主们又重新把目光投向了本藩内的温泉地。

藩主和本藩内温泉地的关系，第一个是藩主偶尔前去温泉疗养；第二是从温泉地收取汤税和温泉营业税，藩主则以藩的名义负责温泉旅舍的营造和整修工程作为回报；第三则是在温泉地设立御殿汤，作为藩主专用的别墅和温泉旅舍。

汤田中涩温泉乡属于松代藩，江户时代前期从上田藩搬迁至此的真田家直到幕末都是这里的藩主。真田家三代藩主真田幸道于延宝四年（1676）陪伴母亲首次去温泉疗养。其母两年后又再次到访，对此地相当有兴趣，延宝九年更是命人用汤桶装上温泉在两天之内运到松代城。温泉距离松代城有八里（约32公里）。这就意味着要一次性装满六个水桶，靠三匹马在两天之内运到。负责运输的是本地的佐野村。佐野村的农民们在给松代奉行所的申告文书中说："主君疗养所需的一份……主君母亲所需的一份，需要用三匹马来驮……"（《汤田中的演进史》）可以想象，当地百姓为此也十分苦恼。

第七代藩主真田幸专于宽政十二年（1800）四月在巡视全藩的时候，安排一行 620 人分散住在温泉乡。真田幸专在文政二年（1819）四月又与一行 240 人来温泉进行疗养。城下的藩士[1] 们大量来访，对温泉而言是极大的宣传。他们在温泉停留期间，温泉场向代官所请求费用的明细表现在仍然保存着，温泉场也挣了一笔。但是，预备他们住宿的花费，以及修缮浴池的费用是否也计算在内了呢？劳心劳力，也挺不容易。

岛原半岛的小滨温泉是温度超过 100 摄氏度的食盐泉，一靠

---

1 本藩的武士。

近，身体也会变得炽热起来。由于是在海边涌出，使用困难。庆长年间（1596~1615），此处建立起汤小屋。切支丹大名[1]有马氏改换封地以后，元和二年（1616）松仓重政就封于此。他修筑岛原城，成为初代岛原藩主之后，时不时地到小滨温泉疗养，这里的浴池被叫作"主君温泉"。他在筑城的时候向百姓摊派劳役、征收重税，在云仙地狱[2]拷问迫害天主教徒，施行苛政，宽永七年（1630）在小滨温泉入浴时暴死。也许施行苛政让他自己的血压也增高了吧。七年之后，岛原之乱爆发。

第二类情况是上山温泉（山形县）这样的例子。上山藩主的城下町[3]是个温泉镇，温泉场的繁荣直接带来了城下町的昌盛以及汤税收入的增加。因此，上山藩积极设置新的浴场，实施温泉振兴政策。传说长禄年间（1457~1460）发现了"鹤胫温泉"，附近的温泉镇形成了上之汤和下之汤两个公共浴场。宽永元年（1624）藩主松平重忠将温泉镇的下之汤交还百姓，并引水到羽州街道[4]附近，开设了面向百姓的公共浴场（现在的下大

1　战国时代信奉天主教的大名。
2　位于长崎县。
3　以藩主居住的城池为中心形成的城镇。
4　江户时代日本东北地区的主干道之一。

图 5-2 武雄温泉"主君温泉"

汤），并任命了汤守。温泉镇的上之汤则成为武士阶级专用的浴场（《下大汤由来记》）。

上山温泉的泉源、水量都十分丰富，后来的藩主们也在城下町各处不断开设新的浴池。这就是今天的上山温泉大量公共浴场的起点。另一方面，元文二年（1737）28 家汤屋和旅馆请愿说："近年来观光客减少，为了重振温泉，希望在主要的旅店雇用饭盛女[1]。"他们的请愿获得了许可。羽州街道上的宿场集镇也是这样，通过雇用私娼，经营色情业务来吸引

1　旅馆里的私娼。

顾客，"温泉能挣一笔，给藩上交的税金也多了"，这让藩里也很高兴。

设立主君温泉和茶屋的藩主

我们再来看第三种情况。天保十四年（1843）萨摩藩制作的地方志《三国名胜图会》中记载，在雾岛与硫黄谷温泉齐名的荣之尾温泉是藩专属的疗养场所，设有浴池和行馆。在指宿，藩主岛津齐兴到访之时，他对水田地带涌出的二月田温泉的奇妙功效很感兴趣，于是在次年即文政十一年（1828）五月构筑了浴池和"行亭"。

与岛津藩一样，锅岛藩的汤殿也修筑成菱形，现在其中的柄崎（武雄）温泉还留有存例，仍在使用。后来德国人西博尔德[1]也曾在此入浴，心满意足。仙台藩主也在东鸣子温泉和青根温泉设立藩主专用浴池，青根温泉是自伊达政宗时代以来的御殿汤。约30名石工匠花了两年才修造完成的岩石浴场十分漂亮，以前被叫作"大汤"，兼有公共浴场的功能。青根温泉的汤守兼

1　菲利普·弗朗兹·冯·西博尔德（Philipp Franz von Siebold, 1796~1866），19世纪德国医生、植物学家、旅行家，曾到访日本。

负征收藩内各处汤税的职责。

因幡和伯耆两国（鸟取县）在整个江户时代由三十二万石[1]的池田家鸟取藩治理，温泉地也由藩直辖。因幡有岩井温泉。鸟取藩在岩井、吉冈（鸟取市）和胜见（现在的滨村温泉乡）这三个温泉地常设藩主使用的"御茶屋"，并建立了专用浴池。

在岩井温泉设置御茶屋的是初代藩主池田光仲，并设立了汤庄屋。汤屋也被藩重新整修，使之具备了温泉集镇的形式。据说搬迁和复兴御汤神社也是在池田光仲时代。岩井温泉曾在镰仓时代末期的战乱之中"水池荒废，埋于草木之下，历经数百年"，荒废多年之后由藩主池田光仲重建水池，复兴温泉——鸟取藩下属医生安倍惟亲（安倍恭庵）于宽政七年（1795）在所著地方志《因幡志》中如是记载。当时不只是藩主一个人独享温泉之乐，也新修了供藩士用的温泉浴池和民众也能入浴的汤小屋。

在鹿野城主龟井兹矩的统治之下，吉冈温泉开掘了新的温泉，创建了被称作龟井殿汤的城主专用浴场。龟井氏移封到津和野之后，鸟取藩主池田光仲继续修造龟井殿汤，在其近处修

1　此处指武家俸禄，一石约合 75000 日元。

建了藩主专用的"一之汤"和东侧同样是专用浴场的"二之汤"（《资料中的吉冈温泉》）。如今，御茶屋、龟井殿汤与一之汤的遗迹仍有留存。

胜见温泉据说在永禄年间（1558~1570）建了温泉守护药师堂，也同样有浴场（《新修气高町志》）。药师堂下的泉源地修筑了御茶屋、藩主专用的一之汤、下属使用的二之汤，还从二之汤引出泉水来设置了"入込汤"和三之汤。

入込汤不是江户时代的澡堂常见的混浴式男女入込汤，而是对大量的入浴者不加区分的浴场。鸟取藩的入込汤是男女分开的，岩井温泉的汤庄屋于元禄九年（1696）在入込汤发布告示说"坚决禁止男性进入女浴池"（《岩美町志》）。在藩主及其族人不使用的时候，一之汤和二之汤也开放给武士、医生和僧侣入浴。这么看来，西日本的温泉地浴场对于身份的区别比东日本要严格得多。

以上的三个温泉地都设置了发布公告的场所，在那里发布的禁令，都是些确保温泉安宁的条款。享保七年（1722）五月一日的胜见温泉禁令规定了民众禁止进入藩主的留汤，本地人不得对他国来温泉疗养的游客无礼、胡作非为等。

胜见温泉的三个温泉是 17 世纪中叶新挖掘的浴池，是武士身份以上的人才可以使用的包租型"键汤"。这是包租型温泉的前奏，在西日本的温泉地里很多。津山藩主管辖紧邻的美作（冈山县），他将键汤设置为御殿汤，有他的专用汤殿的奥津温泉广为人知。然而，在元禄四年（1691）奉津山藩之命写作的地方志《作阳志》中，介绍到奥津温泉时却并没有提到键汤，藩政时期是否将其叫作键汤，还未有定论。

弘前藩主建立临时宅屋的大鳄温泉

第三种情况，是因为藩主的御殿汤而走向繁荣的大鳄温泉（青森县）的例子。跨越紧沿羽州街道的平川两岸的藏馆与大鳄地区的大鳄温泉自古就有，却一直是个贫寒的乡村。第三代弘前藩主津轻信义于庆安元年（1648）八月，在其泉源地建立了临时宅屋。正月在大鳄的临时宅屋举行了接见家臣的仪式（《大鳄町史》）。

藩主在此处长期逗留，又在这里建起了藩士的阵屋，因此人们的停留、往来增多，这里逐渐变得热闹起来。第三代藩主的妾室也就是第四代藩主的生母久祥院曾在这座临时宅屋居住，第四代藩主津轻信政也曾长时间逗留于此。从弘前城出发去江户参勤交代的途中，历代藩主到访大鳄温泉高达 27 次。

值得注意的是，为了满足临时宅屋的用度，还利用温泉热开辟了栽培稻米和蔬菜的御菜园。今天大鳄的特产温泉豆芽就是起源于这个时候。在大鳄，除了临时宅屋和共用一处汤元的临时宅屋屋守加贺助的温泉旅馆以外，又增加了新的旅舍。但是这些旅舍在藩主停留期间，除了藩士可以入住加贺助的旅馆之外，其他均出于安全考虑封闭。当地的人们申请说："我们常年不做庄稼活，都是靠温泉的收入生活，希望封闭期间给我们补偿。"于是藩开始给他们发放封闭期间的补偿金。

就像大名对幕府提交申请那样，想要去大鳄、藏馆温泉疗养的藩士和僧侣也同样要向藩提交疗养申请。藩的日记中记载了逾 1300 件这样的事例。不只是本人，妻子、父母、子女若同行也需要出具"何人为何事在何时从何处与何人同去，停留几日"的说明，并取得藩的许可。基本上申请的都是汤治两轮即两星期，加上往返两天的"来回十六日"。大鳄和藏馆温泉的旅馆（汤小屋）一共有 38 间。浴池是和民众共用的，与妻子同行的时候，或者藩重臣去的时候，往往会申请有帘幕的浴池。

大鳄温泉因为是藩主御用温泉，被定为养生和疗养场所，所以禁止安排娼妓。根据藩内重臣的温泉疗养日记，喝酒是没关系的，但宴会唱歌和管弦、太鼓等乐器的使用要克制。推荐的娱乐方式是俳谐、围棋、将棋、杨弓（用杨柳制作的小弓射箭的游戏）、烟火这些比较雅致的游艺。

3 温泉品牌"箱根七汤"的确立

塔之泽温泉的诞生与七汤的出现

与热海的繁荣相比，同样临近江户的箱根也分毫不差。箱根的温泉除了一部分是箱根权现的领地之外，都属于小田原藩。其中在江户时代前期新出现的温泉地是早川溪谷沿岸与汤本邻接的塔之泽温泉。关于温泉的开创，有很多说法，比如有开创塔之泽阿弥陀寺的弹誓上人在"庆长十年（1605）最早发现泉源"的传说。

塔之泽温泉也被写成东之泽，其泉源和高温温泉比汤本更丰富，因而备受瞩目，大量温泉旅馆鳞次栉比。既是医生，又是狂歌师的藤本由己在所著《汤泽纪行》中记载了塔之泽浴池的丰富："有元汤、一之汤、濑户之汤、大洸之汤、小洸之汤、内汤等浴池十二三处……"

箱根汤本在整个江户时代的泉源只有"元泉"一处。与之相比，塔之泽既有自带泉源的旅馆，又有多个旅笼屋共享的浴场，更方便入浴休养。元禄十三年（1700）塔之泽温泉旅馆的店主福住十左卫门在《塔泽温泉根本记》中说，这些旅馆"店前出售小商品，里面的位置也对外开放，往来的人们可以自由入浴"，这就是今天的日归温泉[1]。

塔之泽的诞生，使得它与汤本、底仓、堂岛、宫之下、木贺、芦之汤一起，被合称为箱根七汤。为什么中世以来著名的姥子温泉没有被算在内呢？理由有三。

第一，负责管理姥子温泉的箱根权现领地元箱根村村民与使用温泉的小田原藩领地仙石原村村民发生了边界冲突，享保十六年（1731）七月根据幕府裁决，姥子温泉被判定归属箱根权现领地。第二，姥子温泉临近箱根和仙石原两关卡，有许多

1　只泡温泉不住宿，当天往返的温泉。

道路禁止通行，往来不便。第三，这座春季涌出冬季休眠的温泉使用起来有限制。再加上七是个恰到好处的数字，也就没有在七的基础上再增加了。

箱根七汤也是进献给将军家的温泉。根据稻叶氏任小田原藩主时代的记录《永代日记》，正保元年（1644），开始向第三代将

图 5-3 箱根七汤与姥子温泉

军德川家光运送装入了木贺温泉的汤桶。给第三代将军进献的是木贺和汤本，给第四代将军德川家纲的是宫之下，给第五代将军德川纲吉进献的是塔之泽的温泉水（《箱根温泉史》）。由箱根的陡坡直下时，为了保证封住的汤桶不破开，运输花了很大的工夫。

江户百姓也能近距离接触箱根七汤，主要是因为江户后期"一夜汤治"得到了道中奉行的认可。温泉疗养以七日一轮为单位，对没有充裕时间的百姓来说有些困难。这样，在参拜寺社或参加灵山的大山讲、富士讲、伊势讲这样的跟团旅行回程的时候，就会到宿场箱根汤本去参加"一夜汤治"，留宿箱根的旅客大增。因为客源流失而愤怒的众多小田原旅馆请求官衙禁止这种做法，但最终还是汤本温泉旅馆的诉求获得了认可。

延续到现代的"一夜汤治"是温泉从疗养场所转换为娱乐、休闲场所的契机。除了汤本之外，七汤的其他温泉地也盛行各讲团的一夜温泉游。其中，箱根七汤的温泉旅馆之间在天保十四年（1843）缔结了营业协定，规定："禁止用向抬轿子的苦力提供酒菜的方法把客人招揽到自家店来，禁止向茶屋和一般旅馆送礼让他们介绍顾客，禁止拉低价格等不正当竞争行为。"一旦违反，将处以停业整顿五十日的处罚。"一夜汤治"的兴盛引起了不正当竞争，于是七汤决定集体维护温泉旅馆营业规则（《箱根温泉史》）。

温泉游记与《七汤风趣》

箱根七汤之所以能够成为温泉品牌，是文人们的温泉游记，以及鸟居清长、歌川广重等以七汤为主题创作的浮世绘，还有汤本"福住"等温泉旅馆出版的箱根温泉图等所做的贡献。其中压轴的当然是文化八年（1811）出版的文窗与弄花合著的《七汤风趣》了，其中文章、图示、插画一应俱全。

关于箱根七汤游记的数量，箱根町立乡土资料馆在平成九年（1997）开设了"温泉疗养之路"的展览，其中《相关资料调查报告书》记载的数字是 22 册。实际上应该不止。研究江户时代游记文学的学者板坂耀子指出，温泉游记最多的热海有 30 册（《热海温泉志》），箱根七汤和有马温泉应该仅次于此。

箱根游记的特征是包含只去一处的游记和七处都去了的游记两种。不以疗养为主要目的的温泉旅行普及开来，走访名胜古迹，游赏温泉，开阔视野，同时追溯温泉的由来及古人游记的记录深得文人青睐。

《七汤风趣》共十卷，在江户时代的温泉导览中出类拔萃。既有七汤各温泉场的详细描绘，又有标明旅馆和公共浴场配置的景观图、浴池图这样直观的视觉内容。正文则记述了各温泉地的温泉旅馆、旅馆有无内汤、浴池的数量、入浴的方法及功效、发祥由来、名胜古迹导览等细节，并附有图片和解说。

另外，还记录了箱根有几个叫作"总汤"的公共浴场。有总汤的有汤本、宫之下、底仓三处。但根据其他资料，我们知道塔之泽、堂岛、木贺、芦之汤这剩下四处——也就是箱根七汤全体都有总汤。

《七汤风趣》的图对于我们了解当时温泉浴池的样貌和使用温泉的方法非常有益，趣味盎然。

底仓温泉因为用弱食盐泉的蒸汽对付痔疮，这种局部蒸汽浴有很好的疗效而为人所知。浴室的一角开有专门用蒸汽来对付痔疮患处的小孔，患者坐在同样开孔的坐具上，对准患处。据说充分入浴让身体升温之后疗效更好。在温泉旅馆之中，穿凿两个小孔，通过敞开一个或两个小孔的方式来调节蒸汽的强弱，这叫橱柜浴室。甚至在底仓还有用针灸治疗痔疮的名医，他把针灸和食疗的方法传授给了温泉旅馆的老板。这幅图非常生动地传达了

图 5-4　底仓温泉痔疮治疗图（《七汤风趣》）

治疗时的专注（见图 5-4）。虽说成为品牌，但箱根七汤为人所知的最基本定位还是疗养场所。

4　温泉的医学和化学功效

养生与温泉的心得

关于温泉的功效，日本也参考了中国的古籍。16 世纪末明朝的本草学者、名医李时珍的巨著《本草纲目》对日本的温泉医学产生了巨大的影响。但是,《本草纲目》是药物学著作,对于温泉的记载是有限的。"水部"当中提到"温汤,释名温泉",描述其成分包含了硫黄,还格外关注到了特点显著的盐分和铁元素,并介绍了对人体的作用。但对不含硫黄等元素的温泉,《本草纲目》并没有做出评价。

正德三年（1713）,福冈藩的藩医贝原益轩在晚年84岁时写下了一本《养生训》,在"洗浴"一项提到了温泉的注意事项及功效。他指出,"泡高温温泉对人体有害",近年来引起了很多人的注意。蒸汽浴改建的澡堂确实存在种种水温过热的问题。他还忠告说,泡温泉会导致"好病、坏病、不好不坏病三个,请自己做好选择"。温泉疗养对于跌打损伤、"外症（外伤）"、皮肤疾病及中风是最有效的。另外他也认可温泉的温热效果,能够温暖身体,促进气血流通,缓解症状。不过他指出"如果觉得温泉对一切疾病都有好处,那就大错特错了",他的忠告也许令当时很多人感到刺耳。

他还提醒,温泉入浴的次数和频率"一日不要超过三次""不要经常入浴""一次入浴不可时间过长"。他还关注到了温泉疗养场所的饮食和生活方式,劝诫要常运动,多步行。并且还要禁大酒大肉，戒房事，后者是江户时代温泉疗养的一般禁忌事项。

贝原益轩在此前不久还写了一本《有马汤山道记》，介绍了因疾病而去温泉疗养的益处和坏处，并指示了正确的入浴方法。受到这本书的影响，备前冈山藩的河合章尧于正德六年（1716）写下《有马汤山道记拾遗》，讲述自己的疗养心得。其中在有马"即便汤女出席酒宴，单独与客人交往也是绝对不允许的"，他劝告读者要不动情欲，专心疗养，合理饮食。接下来的这段话令人印象特别深刻。

"养生不可草率，对待温泉，要像侍奉君上和神明一样，恭敬仁慈，把侍奉温泉当成是一种满足它的心意而求得医治的治病之术。入浴之时，心体不可不洁，不可违背温泉之心意。"

这一段话毫无遗漏地传达出了他对汤治一事持有的精神觉悟，这与温泉之神信仰直接相关。

香川修德《一本堂药选续编》温泉篇

从医学的角度解说温泉功效的先行者是江户时代中期的医生后藤艮山。江户时代的医生一般以剃光头着僧衣的形象示人，艮山却并非如此。他虽属于汉方的古方派，却也重视实证，因在治病时重视针灸和熊胆，故被称作"汤熊灸庵"。

艮山也集中精力讲解了温泉的功效和适用病症。在温泉的成因方面他受李时珍《本草纲目》的影响，推荐城崎温泉的新汤。艮山众多的弟子之中，必须提及的是香川修德。香川修德在元文三年（1738）写了《一本堂药选续编》，其开头的"温泉篇"，不仅对温泉医学，也对后来的温泉指南书产生了很大的影响。

温泉篇包括温泉的功效和选择、入浴是否灵验、入浴次数、方法、入浴时的禁忌，还有人工制造汤瀑的方法、对温泉的正确认识、日本和中国的温泉考察一共九项。关于功效，他说了"促进心气，温暖身体，去除旧血，促进血液循环，打开皮肤肌理，柔顺关节"这些对全身的影响，并进一步说了对"去除手脚麻痹、抽筋及各种疼痛，治愈痔疮和脱肛、皮肤病、女性的腰痛和白带"等局部疾患也有很好的疗效。

关于温泉的选择，他继承了其师艮山的观点，认为"盐分过多而苦涩"的有马温泉"并不好"，而是极力推荐像城崎温泉的新汤"淡盐分温泉"这样的弱盐泉。有酸味或涩味，因富含铁

图 5-5 《一本堂药选续编》开头的温泉篇

元素而呈赤黄色、水质暗浊不清的温泉也很糟糕，他认为"水质淡，味甘甜"的温泉是最好的。从水质方面来说，除了弱盐温泉他还推荐更接近纯水的单纯温泉。

在《一本堂药选续编》的温泉篇中一般最值得参考的是最后的"和华温泉考"一节。他把日本全国推荐的，或者说广为人知的温泉地名列了出来，数量达到219所。这是最早的真正意义上的温泉一览。其后，三宅意安于明和四年（1767）著《本朝温泉杂稿》，介绍了50多处温泉的由来及功效。这些书籍是江户后期盛行的温泉排行榜和各地温泉导览的基础资料，也是很好的数据库。

宽政六年（1794）儒医原双桂出版了《温泉考》（又名《温泉小言》）。他认为有硫黄气味或香味的温泉是最好的，水色"纯白水或略带黄色最佳"，味道"等同饮白汤"的最为出众，因而可以说纯水硫黄泉的水质是最为理想的。他认为温泉水温过高不好，这一想法与香川修德相异。

文化六年（1809），柘植叔顺（龙洲）写出《温泉论》，其中将入浴次数固定为"一日三次"。他还提到，入浴最好是先清洗身体，然后慢慢从两脚开始安静入水。另外，他还认为温泉对女性子宫有益处，设想了独特的清洗器具。江户时代的温泉医学就是这样丰富多彩。

兰学推动了温泉的化学分析与分类

江户时代还是温泉化学、温泉分析开始发展的时期。最初也是最大的成果，是由冈山津山藩医、兰学[1]者宇田川榕庵编译，自天保八年（1837）起花 10 年时间出版的日本最早成体系

1　由荷兰为首的西方国家传入的西学。

的化学著作《舍密开宗》七册。本书译自英国化学家威廉·亨利[1]1801年原著的荷兰语译本，并参考其他书籍增加了注释。"舍密"就是荷兰语的化学一词"chemie"。

其中第七册的外篇讲到了"矿泉"。在第二卷的"矿泉四宗类"中将矿泉分为酸泉、盐泉、硫泉、铁泉四种，在"矿泉热度"中按照矿泉的水温分为热泉、温泉等。就这样，水温高的泉水被称作温泉。

宇田川榕庵不仅刊印了《舍密开宗》一书，还采集了各地的温泉水，对实际成分进行了化学分析。从文政十一年（1828）三月《豆州热海温泉试说》上记载的热海温泉"泉性"和使用了试剂的"实验说"，以及根据实验结果得出的温泉功效"泉主治"等开始，他逐步分析了取访、有马、岳、冈山的汤原、真贺、汤乡等诸多温泉。在当时，要想获得实验试剂非常困难。因此可以推测，他或许是在两年前，也就是文政九年在与访问江户的长崎荷兰商馆医官菲利普·西博尔德及其助手海因里希·贝格会面并接受二人指导时，从他们那里获得试剂的（大泽真澄

1　威廉·亨利（William Henry，1775~1836），英国化学家、医生。他研究气体在水中的溶解性，发现了亨利定律。

《我国温泉水化学分析的展开》)。

　　藤浪刚一所著《温泉知识》指出，同一时期，宇田川榕庵的学友、越后的医生小村英庵前往调查了赤仓和汤泽等越后的温泉，并分析了温泉的成分(《越后泉谱》)。此外，兰方医[1]新宫凉庭在《但泉纪行》中提及了温泉的主要成分和水质的分类。名人的例子还有很多，例如分析了信州松代藩众多温泉的佐久间象山[2]，在长崎跟随西博尔德学习兰学、医学和化学的高野长英[3]等。到了江户时代后期，这类温泉分析的记载大为增加，形成了温泉科学研究和考察的基础。

5　江户的温泉排行榜

记录东北北部地区温泉文化的菅江真澄

　　在江户时代编写的种种游记和旅行日记当中，记录了一些当时尚未为人所知的温泉地和隐秘温泉。江户时代中后期开始，

1　即西医。
2　江户时代末期著名兰学者、思想家。
3　江户时代末期著名兰学者。

关于小规模温泉的介绍受到欢迎，这些信息十分新鲜，派生出了新的兴趣点和需求。

　　走访隐秘温泉，留下日记和方志的先驱者是本草医学者、民俗方志学者菅江真澄。他的记录在江户时代并未出版，未能引发新的需求，但他详细地记录了江户时代中后期东北北部地区温泉疗养场所的样貌，生动地记述了该地的温泉文化和温泉信仰，这一著作具有非常珍贵的价值。根据笔者的调查，他所记录的温泉包括长野县 6 处，福岛、山形、岩手县各 1 处（热盐、温海、须川），宫城县 2 处（花山、温汤），北海道 9 处，青森县 31 处，他直到辞世生活了 29 年的秋田县至少有 28 处，而这些可能还不是全部。

　　菅江真澄花了 45 年时间在北海道南部及东北北部地区巡游。他的温泉记录的特色之一，是他和当地人进行交流，带着共有的感受在观察记录。第二个特色是他把温泉的稀有自然现象视作当地生活风俗文化的重要要素，可以说是建立了民俗方志学的基础。第三，他观察的范围很广，既包括泉源的涌出状况、温泉的性质状态、产物、功效、浴池的数量和状态，又包括了历史和温泉信仰。

宽政四年（1792）十月三十日，在关于下北半岛恐山温泉的记录中，他写道："温泉的水色如同加深的山蓝花色……名叫花染的温泉则呈现浅栀子色……想要入浴的人们，纷纷用烟草叶将黄金、胁差[1]之类的东西和金属物品包起来。"（日记《牧之冬枯》）他充分地记录了酸性硫化氢温泉的硫化氢气味和富于变化的水色等种种特点，还准确描述了旅人们为避免金属因硫化氢变色而采取各种手段的模样，实在是非常有趣。

此外，日记中还描写了"这里修建了很多入浴者使用的临时小屋，茅房建在细小的水流之上……石油燃烧的烟和温泉的烟雾混杂在一起"（《牧之冬枯》）这类温泉疗养场所的情景，还有"腰间缠着一圈藏青色浴巾的女性们排在一起，头上搭着手拭巾，用很大的提桶装满温泉水一遍一遍地往头上浇"的记载（日记《奥之浦的里侧》），生动地描绘了女性们入浴时的样貌。

享和二年（1802）十二月中旬到次年四月下旬，他在秋田大泷温泉停留，看到在温泉汤瀑之下"病人（疗养者）们排着队，互相拍打腰、脚、手和头，围着草席坐在石头上和和气气地聊

1　也称胁指，日本武士的单手用短刀。

天、歌唱、嬉戏，欢乐地入浴"（日记《薄木的出汤》[1]），样子安详和谐。他在日记中还写道，一起入浴的一位母亲抱着孩子，发现孩子身上有肿起，担心是不是得了天花。一旁的女性们纷纷来安慰她，然后才离开温泉。

在停留时间长的温泉疗养场所，人们会慢慢地熟悉起来。如果是在同一家旅馆住宿的就更是如此。若有人回家，就举办宴席。在疗养期间认识的人要走了，便依依惜别，以酒践行，大声地用方言歌唱："又到了分别的时候啊，园中的草虽然枯萎，根却不能斩断（一同留宿的缘分也不能斩断）。"

在温泉地相遇、分别，以及再会。这里孕育出了与日常生活不同的对话和交流，人们相互治愈彼此，形成了独特的温泉文化。菅江真澄就是在东北北部地区这种朴素的温泉疗养地中体验并写下记录的。

第一次"隐秘温泉热潮"

走访隐秘温泉的第二人是擅长地理学的备中冈田藩古川古松轩。他游览西日本之后写了《西游杂记》，天明八年（1788）

---

1 原文为"すすきのいでゆ"，"すすき"无对应汉字，此处姑取其音作"薄木"。

加入幕府巡见使一行游览东北日本之后写了《东游杂记》。

巡见使是视察全国各藩的差事，这是公费旅游，但代价是不能自己决定目的地。虽然如此，不过《东游杂记》里面对温泉的记录也不少，有福岛的土汤，山形的藏王、汤田川、温海，秋田的大汤、汤濑，青森的大鳄、浅虫等十六处。另外有几处虽然没能去成，但也记录了，比如吾妻山中的白布温泉，记录说那里的热汤"有虫在滚烫的热水上面转圈爬行"，以及从汤濑温泉"进入山中，涌出温泉的地方有好几处"，也就是八幡平温泉的隐秘温泉信息。

大约是立场原因，古川古松轩对温泉地的描述，只是在与其他温泉地比较优劣之后漠不关心地记载几笔。譬如对上山温泉的记载是"市中都是草屋、木板屋，贫苦的街巷中有温泉……热汤无气味，也无功效"，是这样的行文风格。

走访隐秘温泉的第三人是宽政三奇人之一的尊皇思想家高山彦九郎。他于宽政二年（1790）离开江户，花了半年时间从关东游览到东北，留下《北行日记》。从福岛一侧穿过奥羽山脉，跨过板谷隘口，进入米泽藩领地，那里的吾妻山周边有五色、滑川、姥汤等温泉，他的记录中尽是这些直到今天也人气很高的隐秘温泉。然而，他只是提及，并未逗留。

他住过的宿场中有赤汤、上山这样热闹的温泉町。"赤汤町有房屋百余间……据说对治疗小肠疝气和中风有好处。温泉场有三处……我两度入浴……娼妓听说约有二十人。""（上山）浴池有二十个左右，外汤三处，我自己也入浴了。娼妓有五十人左右。小镇很热闹。"他似乎对娼妓的人数很感兴趣。山形以温海、汤田川、汤野滨温泉的娼妓数量最多，也有很多热闹的温泉地。正因为如此，松尾芭蕉在"奥州小道"之行时投宿在入口的海边旅馆，却并没有奔赴汤海温泉，只有同行的曾良一人前往。

压轴的是越后文人、《北越雪谱》的作者铃木牧之所著的《秋山纪行》。这是一部关于横跨新潟与长野的山峡，还有拥有平家后裔传说的秋山乡的探访记，是江户时代后期探访秘境、撰写隐秘温泉游记的高光时刻。写作的契机是铃木牧之的好友剧作家十返舍一九对此很有兴趣，建议铃木牧之动笔，还达成了出版协议。这应该是认为秘境、隐秘温泉探访记的销路有保障。铃木牧之于文政十一年（1828）九月在向导的带领下探访了秋山乡，于天保三年（1831）完成游记，交付十返舍一九。但一九在那年夏天去世，出版计划落空。最终，在铃木牧之在世期间，《秋山纪行》未能付梓。

《秋山纪行》是沿中津川上溯，途中还记录了一处他认为是和山温泉的温泉所在地，目的地则是最深处的"汤本"温泉场（切明温泉）。这里竟有由汤守管理的温泉旅馆。到了九月，因为气温降低的缘故，温泉并没有别的旅客。"犹如进入无人佳境，我做好了要洗涤身心的准备……今生不舍此汤浴，唯愿长久浸泡不相离……"种种文字将他意欲尽享隐秘温泉之乐的心情表露无遗。他还写了一首俳句："月影何孤悬，今宵与友共相看，辉映出汤泉。"

从浴池向上望去，峡谷的天空是窄窄一条，月光皎皎，照在谷中。外面天气寒冷，但恰到好处的温热之水就好像被子一样包裹着自己，实在是快哉快哉，其乐无穷。江户时代后期探访隐秘温泉，尽情浸润身心的感受与现代并无二致。这就是为什么笔者认为这一时期是"隐秘温泉热潮"首次到来的缘故。

《旅行用心集》中的疗养之旅心得

文化七年（1810）六月，八隅芦庵出版了《旅行用心集》。

从东海道和木曾路等主要道路的"胜景里数"到旅行整体的心得"道中用心六十一条",再到寒冷地带旅行的必备知识以及旅行用具一览,晕船、晕轿的解决方法,被毒虫叮咬或落马时的救治方式等,这本书的内容无微不至,周到详尽,各种建议应有尽有。最后,还收录了《诸国温泉二百九十二所》,指示了温泉疗养旅行的心得。

江户后期进入了包括旅行在内的消费文化极盛期。宽政十二年(1800)幕府允许女性登富士山。享和二年(1802)十返舍一九开始出版《东海道中膝栗毛》,当即洛阳纸贵。以温泉疗养旅行和参拜伊势神宫为首,灵山讲给那些时间和金钱上充裕的老百姓提供了宝贵的旅行机会。《旅行用心集》也在序篇当中描绘了在工作闲暇之余前往伊势神宫旅行的人们心情兴奋,收拾行囊,与周围人话别,直到出发离开住地之前亲友们都举办酒宴为他们践行的场景。

《诸国温泉二百九十二所》当中记载,"上至王侯,下到庶民,温泉疗养之风今日盛极",并记录了疗养的心得和注意事项,参考了温泉医学知识。他说"来温泉疗养的人要尊信温泉",就好像前文河合章尧所言一样。这句话反映了时代,可见

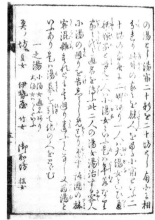

图 5-6 《旅行用心集》中的有马温泉图及介绍

温泉对于那些仅仅参拜寺社或在游山途中需要休息的人来说也是有用处的。此外，"温泉的水源只有一处，而在引水到多个温泉旅馆的情况下，因为温泉旅馆（供水的方式）不同，功效会有差异，请务必在温泉旅馆仔细确认"。这些出现在开头部分的入浴心得到可以一直沿用到现代。

记录"大约四十国"的《诸国温泉二百九十二所》拥有相当庞大的数据量。仔细检查记载的温泉之后，去除重复的，包括名称不明的温泉在内共有 231 处。比照香川修德《一本堂药选续编》温泉篇所记载的 219 处，不难发现它正是因为参考了香川的书，才得以列举出如此多的温泉名。

和基本的介绍顺序一致，本书也是从畿内开始，逐次介绍东海道、东山道和东北。对有马、热海、箱根等主要温泉地，详细介绍了从主要都市到温泉的距离、浴场的数量和面积、温泉旅馆的数量、功效等。伊香保的介绍比较少，但有记录："伊加保[1]、草津两处，与各名汤不相上下，伊加保温泉的功效有胜过草津的地方，草津的功效也有高出伊加保之处，皆依病症而论。"叙述了依据不同功效选择温泉的必要。温泉图收录了有马、热海、日光山中禅寺（日光汤元温泉）、会津天宁寺（东山温泉）、汤之峰五处温泉。书中关于会津天宁寺温泉的介绍十分详细，对其评价很高，作者认为那是一座名汤。

温泉医学书《一本堂药选续编》温泉篇所刊登的温泉一览，以及在此基础上八隅芦庵写下的《旅行用心集》，就是温泉数据库。在这样的数据库出现之后，文化年间（1804~1818），影响后世的江户温泉排行榜出现了。

---

1 读音与"伊香保"相同。

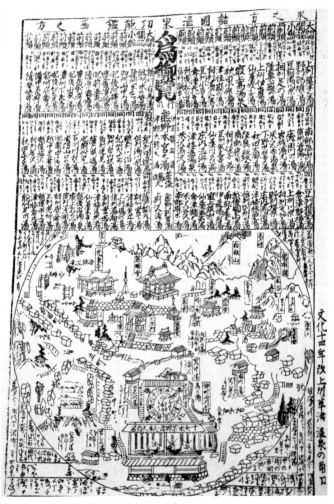

图 5-7 文化十四年刊印的《诸国温泉功能鉴》

温泉排行榜《诸国温泉功能鉴》

江户时代中叶以后，仿效相扑的排行榜，各种排行榜流行起来。温泉排行榜也是其中之一，出现在各地。最早产生于何时，尚无法确定，但一般都是竖长的一页纸，模仿的是相扑江户排行榜那样的木板印刷的竖条长页。最早的相扑江户排行榜于宝历七年（1757）诞生在十月江户举办相扑的场所，温泉排行榜的出现应该更在此以后。

现存年代最早的温泉排行榜是文化十四年（1817）在草津温泉出版的墨印一页版《诸国温泉功能鉴》。上半部分是温泉排行榜，下半部分是草津温泉图。温泉按照东西区分，以大关为最高位，把各地温泉排为关胁、小结、前头三档。最中央是行司役（裁判）级别的温泉三处，下面是劝进元、差添[1]级别的温泉地，各顺位的下面记载了温泉到江户的里程及"对诸病有益"的功效。排在后面的虽然不收录里程，但功效大多有记载。因为这个榜单是以功效为基准来排的，"诸国温泉功能鉴"这一名称正反映了这一点。整个江户时代，很多的温泉排行榜都以此为名。

---

[1] 与前面的"大关、关胁、小结、前头"一样，皆为相扑的段位词汇。

此外，东边的草津、西边的有马雷打不动地占据了大关的位置。江户时代中期，前文提到的后藤艮山和香川修德认为城崎温泉比有马更佳，但在温泉排行榜当中，有马温泉仍然占据着首席。草津是杀菌能力强的高温强酸性泉，由于经常出没花街柳巷的人容易罹患的花柳病梅毒不耐高温，所以前去草津疗养的人络绎不绝。甚至还出现了"连我邻人也，启程出发去草津，不知在何时"的讽刺川柳[1]。草津不仅可以满足疗养目的，因其位处高原，前去避暑、保养的旅客也不断增加。借着草津的人气，十返舍一九于文政三年（1820）出版了《上州草津温泉道中续膝栗毛十编》。

接着，东日本居于关胁地位的是"野州那须温泉"（那须汤本温泉），西日本是"丹州木之崎温泉"。西边的小结级别一直是道后温泉，东边的小结级别一开始是"豆州汤川（河）原温泉"（汤河原温泉），后来被重登榜单的"信州诹访温泉"（下诹访温泉）取代。前头级别的第一位，东日本大抵是"相州足之汤温泉"（芦之汤温泉），西边一定是"加州山中之汤温泉"。由于

1　江户时代盛行的一种诗歌形式，内容大多为调侃社会现象。

东日本温泉比较丰富，排行榜大体上是东部占优势，西部处于劣势，东日本的温泉占据了绝大多数。

至于位于中央的行司（裁判）、差添和劝进元，也很重要。

为了让看排行榜的人信服，认可其权威性而设立的行司、劝进元和差添必须是无论何人都认可的名汤，或者是地位特别的温泉地。在文化十四年刊印的《诸国温泉功能鉴》当中，最中央是"熊野本宫温泉"，左右是伊豆热海温泉和津轻大鳄温泉。劝进元是"上州泽渡温泉"（泽渡温泉）。差添是"熊野新宫温泉"。热海是将军的御用温泉，大鳄是津轻藩主的御用温泉。泽渡温泉被称作"一浴而肌美如玉"的强碱性温泉，具有美肌作用，通常被评价为在草津温泉强酸性温泉疗养之旅中的"出浴前必泡温泉"。

担任立行司的熊野本宫温泉就是江户时代被称作"本宫温泉"的汤之峰温泉。中世以后，熊野就成了温泉旅馆和温泉的象征性代表，在认定温泉排行榜的权威性时，像这样神圣的存在是不可或缺的。然而，"熊野新宫温泉"这一温泉并不存在。这应该是依据熊野本宫温泉而假托的温泉名。非要举出一个候补的话，就是巡礼熊野三山时所走的那智、熊野新宫参拜道路"大边路"旁一个叫汤离垢场的古温泉，推测它是汤川温泉（和歌山县）。

文化十四年刊印的温泉排行榜《诸国温泉功能鉴》成为日后排行榜的基本范本，虽略有变动，但其基本的错谬之处也原封不动地在江户时代被刊印出来，并延续到明治时代。始终受到众人追捧的温泉排行榜，可以说就是今天名汤百选等温泉榜单的前身。

6　外国人眼中的日本入浴文化和温泉

江户时代以前的记录

说江户时代锁国是不正确的。以平户及随后的长崎为窗口，通过中国的清王朝与荷兰，江户始终与海外保持着贸易往来与交流，此外还有朝鲜通信使在江户进出。对马藩的朝鲜贸易以及萨摩藩的琉球贸易得到了幕府的默许，可以说幕府独占了对外的窗口。江户时代前也有个人与海外往来的记录，尤其是在室町幕府时期，西国拥有实权的守护大名同样与海外进行过交流与贸易。

但是，要说外国人关于日本入浴文化以及温泉的记录，那是极其稀少的。

最早的例子应该是明朝立国之后不久，被派到南北朝时代的日本的大明使臣、文人赵佚作的汉诗。明太祖洪武帝分别于建德元年即应安三年（1370）三月以及文中元年即应安五年（1372）遣赵佚出使，第一次为正使，第二次则为先遣使。第二次出使日本的时候，赵佚由北朝一方的周防、长门守护大名大内弘世陪同，在当时被奉为"西京"的山口待了大约一年时间。此时的山口名胜有十处，汉诗中将其称作十境，这一系列的汉诗题目就是"山口十境诗"，其中有一首《温泉春色》讲到了山口的古汤汤田温泉。汉诗运用了创造天地间万物的阴阳观，认为温泉的生成是中国传统中属阴之水与属阳之火的结合。虽然诗中表达了对汤田景观的热爱，但是没有直接吟诵温泉。

其次是室町时代的正长元年（1428）十二月，为了向足利幕府新就任的将军足利义教表示敬意，朝鲜派来通信正使朴瑞正。朴瑞正回国后，在向国王世宗上奏的报告中提及了日本的入浴文化。

"所有日本人都喜欢沐浴洁身，宅邸内有浴室，街区里有澡堂，都运营得很好。"（《世宗实录》）朴瑞正高度赞扬了无论身份贵贱，都可以通过入浴保持清洁的日本习惯。回到朝鲜的朴瑞正提出建言，为了普惠庶民，可以在国家的各个机构以及汗蒸（朝鲜式热气浴）设施等人群聚集的地方开设浴室，由此还可以通过澡堂收入来给财政做贡献。

同样是世宗治下的嘉吉三年（1443）五月，朝鲜通信使序列第三位的书状官申书舟也被派来了日本。他把日本各地温泉的位置记录在了《海东诸国记》中。

他明确记录了日本"八道六十六州（国）"中各自郡的数量与水田面积，以及是否有"温井"（温泉）以及火井（主要是天然气井）的存在。有"温井"记录的有出羽、伊豆、越中、周防、丰后、肥前及肥后七国。温井的数量最多的是丰后的"五所"。

16 世纪后半叶，欧洲人到达日本。天文十五年（1546）来到日本住在鹿儿岛的葡萄牙船长欧维士[1]接受耶稣会宣教师方济

---

1 欧维士（Jorge Álvares，?~1521），葡萄牙早期航海探险家。

各·沙勿略约稿写下的总结，被视作欧洲人关于日本的首次报告。其中，提到了日本的入浴文化："日本人一天泡澡两次，暴露耻部而不以为耻"。

之后，有很多宣教师来到日本，留下了大量与日本有关的资料，但管见所及，没有关于温泉的记述。"在日本，男女及和尚都在公共浴场入浴，入夜则在门口入浴"，这是试图进行日欧文化比较研究的葡萄牙宣讲师路易斯·弗洛伊斯（Luís Fróis）写下的入浴习惯。除此以外，没有提及温泉的记载。

与荷兰商馆相关的温泉记述

江户初期，在作为与外国互通最早的窗口的平户，有一位叫法兰索斯·卡隆（Francois Caron）的法国人于元和五年（1619）抵达。开始时他担任荷兰商馆厨师的助手，在日本生活了二十多年之后，成为商馆长。回国后的正宝二年（1645），他在荷兰出版著作《日本大王国志》，在问答形式的第29问中有关于"矿泉"、温泉的记述。

他写道，在日本有"种种温泉，治疗患者"。在多篇记录亲眼所见的温泉的文章中，他写道："离海不远的山麓平地上喷涌出一眼温泉。"平日昼夜喷涌两次，一次持续一个小时；东风强劲的时候，一昼夜喷涌三次，有时四次。温泉从石头缝穴中涌出，即便有很大的石头做盖，但是每当接近喷出期，热水就会以很强的气势大量涌出（喷出三四寻高）。""温泉……非常热……温泉周围设置石墙，下部设若干开口，以水槽引流至近邻家家户户，可用于多数人疗养。"这说的不就是热海温泉吗？卡隆至少来江户做过四次参府旅行[1]，他极有可能在来往途中顺道去了热海。

自从荷兰商馆移到长崎之后，相关人士前往江户进行参府旅行的途中见到的温泉就会出现在他们的见闻录中。被提及频率最高的就是长崎街道沿线的嬉野温泉，那里还有锅岛藩的藩营浴场。

荷兰牧师阿诺德斯·蒙塔努斯（Arnoldus Montanus）在宽文九年（1669）出版的《日本志》中，有关于嬉野温泉入浴的记述。没有来过日本的蒙塔努斯从东印度公司及宣教师的报告与日记中获取信息进行写作。商馆长对于嬉野温泉的描述是

---

1 江户时代，荷兰商馆长前往江户拜谒将军、提交文书的旅行。

"奇妙的温泉，入浴后直喊快哉"。我们可以从这些记录中了解到嬉野温泉的入浴习惯，浴场主人会在有着非常宏伟的屋顶的浴场，先往浴槽里注入热泉，然后注入冷水，调节至可以入浴的温度。

德国人恩格尔贝特·坎普弗尔（Engelbert Kämpfer）是荷兰商馆的医生，他将元禄四年（1691）的旅行经历写在了《江户参府旅行日记》（原名《日本志》）中，其中有这么一段："一方冷小川之水入，一方热汤入，混合至各人喜欢的冷热程度。"同书中，坎普弗尔另外还提及了岛原半岛的"有马汤本温泉"和小滨、云仙、肥后的山鹿温泉，柄崎（武雄）温泉以及箱根汤本的各个温泉。

安永四年（1775），作为荷兰商馆的医生来到日本的瑞典植物学家通贝里（Thunberg），也记录在嬉野温泉住宿设施齐备，疗养者沐浴后会回到可以休息的房间（《通贝里日本纪录行记》）。

文政九年（1826），随同荷兰商馆长前往江户的德国医生兼博物学家西博尔德及其助手德国药剂师海因里希·伯格，在嬉野温泉进行了日本首次温泉化学分析。其概要自西博尔德的原著

《日本》中部分翻译而来，登载在了《江户参府纪行》上。

一行人访问的是嬉野与武雄温泉两处，关于后者有以下记载："使节与我们获得许可，得以在肥前藩主的浴场入浴。浴槽为木制，温泉从汤元运来。清洁度令人咋舌，原本就是如水晶般通透的泉水，还要事先用马尾做成的细筛子筛滤一遍。"西博尔德还提及了自己没有去过的温泉，如云仙温泉、雾岛的硫黄谷、阿苏的栃木、地狱、垂玉、汤之谷温泉、肥后的山鹿、平山、小天温泉、别府以及樱岛的温泉。

外交官的温泉地访问

幕末安政五年（1858）六月，幕府签署与美国的《日美修好通商条约》，也和荷兰、俄罗斯、英国及法国签署了修好通商条约，这样一来，便有外交使团常驻日本。在开港地神奈川、箱馆、兵库，条约允许大约十里（约40公里）的外出自由，在长崎则是允许在周边天领内。对于外交使团的成员来说，如果想要在国内观光及温泉疗养，即便超出这个范围，也可以定好计划后向幕府申请，同样可以获得批准。

从神奈川（横滨）出发的温泉疗养目的地，有热海和箱根。

在热海首次进行温泉疗养的外国人是安政六年八月到访的美国领事多尔，和同年九月到访的英国总领事馆的附属士官高尔（《热海市史》）。由本人提交温泉疗养申请，再由总领事和公使向幕府老中谋求许可。下发许可之后，幕府就会安排好随同的官员，命令当地做好万全准备，以迎接客人的到来。根据随同官员藤原葛满的《热海日记》，他坐上由浦贺开往热海的蒸汽船，登上日金山。外国人去温泉疗养，最多也只能治治旧伤，主要是为了转换心情吧。

庆应三年（1867）五月，法国贵族波伏瓦逗留箱根宫下温泉（《箱根温泉史》），还体验了一把有舞女的宴会以及混浴。关于混浴，他描述道："在透明的温泉的小小世界里有六个人，三名特别漂亮的女性，两名男性，此外就是我了。"

让外国人惊讶的是热的泉水，以及浴场和一部分温泉场内的混浴。以前是要穿着入浴用的衣服泡温泉的，到了江户后期的文化极盛期就变成只用一块小毛巾了。日本人可能并没有像欧美人那样强烈的意识，认为女性的乳房是性的象征，反而是当作了母性的象征。在混浴浴池袒露乳房，让当时禁欲主义风潮占主流的欧美人大跌眼镜。

万延元年（1860），英国初代驻日公使阿礼国[1]根据条约，向幕府要求外国使节团"有去所有地方自由旅行的权利"（《大君之都》），随后在同年七月份毅然进行了"易地旅行"，登上了富士山。回程他在热海待了两周，幕府紧急将阿礼国公使一行会经过的劣质路段补修了一下。

由于热海主要的浴场设施本阵有着高于预期的优良设备，"六间直接充满源泉的宽敞浴室排成了一列"，阿礼国很高兴。

看到宽敞的多间浴室、充满源泉的浴槽、日本式庭院，和可以看到海的带阳台的舒适房间，阿礼国决定"在这里住下，尝试在这里休养，感受海的空气和热海矿泉带来的疗效"。他还尝试了西洋式的饮泉和蒸汽浴。

住在热海的这段时间，他的爱犬托比因为碰触到大汤间歇泉的热泉而辞世。这个时候热海居民表示出真诚的哀悼，由此导致之后阿礼国改变了在攘夷事件过程中英国方面强硬的态度，使之有所缓和。

法国公使莱昂·罗切斯（Léon Roches）也在庆应二年

1　阿礼国（Sir John Rutherford Alcock，1809~1897），19世纪英国驻中国、日本领事。

图 5-8 热海大汤前阿礼国的碑和爱犬托比的墓

（1866）六月三十日坐军舰进入网代[1]港口，去热海进行温泉疗养。他是因为骑马摔伤的后遗症以及风湿病恶化一本正经地来疗养的。不过在此期间，他还担任了幕府与将军的指路官，还往网代的居所里搬运过温泉。为了在与日本签订修好通商条约时可以获得罗切斯的帮助，意大利使团团长维托里奥·弗朗西斯科·阿

---

1 热海市地名。

明琼（Vittorio F. Arminjon）一行在七月六日坐军舰进入网代港，也访问了热海。

英国外交官驻日公使萨道义在明治维新之后，出版了《明治日本旅行指南》和《日本旅行日记》，介绍了入浴与温泉的信息。萨道义曾访问过箱根、草津、日光、汤元、山梨的温泉，他的著作成为明治之后访问日本的欧美人的必读书。

第六章 从自然喷涌到挖掘开发的时代

明治、大正时代

1 维新志士、元勋与温泉

志士汇聚的治愈型温泉场

作为明治维新原动力的志士们，充分地利用了温泉场的优越特性。在幕末，西南雄藩的志士们集结的主要场所之中，只有汤田温泉所在的山口有温泉场。在日本海沿岸的城池萩被封锁之后，长州藩为了更能接近中央政局而把据点搬到了山口，提出的借口就是山口这地方便于疗养，待客也方便。对温泉疗养十分宽容的幕府并未阻止，当时的藩主毛利敬亲则在山口设立了"山口屋形"这一藩厅，作为藩的驻外机构。

他藩的志士也会来汤田温泉进行密谈，据说比起面对面正座论事，一起入浴，赤身相见比较容易消除双方疑虑。江户中期开业的老旅馆"松田屋"也是他们会面的场所之一。文久三年（1863）八月十八日政变，从京都败退的攘夷派的三条实美等七

图 6-1　汤田温泉"维新之汤"

位公卿也在此地稍作停留，与长州藩士及他藩志士密会。来过此处的志士有：长州藩士高杉晋作、木户孝允、伊藤博文、山县有朋、井上馨、大村益次郎，他藩的坂本龙马、西乡隆盛、大久保利通。用御影石砌成的厚重的浴槽（"维新之汤"）足够四位成年人同时进入，一起入浴可以增进亲密度。可以说在温泉场的赤身裸体的交往催动了维新原动力萨长同盟的诞生。

庆应二年（1866）一月二十一日，在萨摩藩重臣小松带刀的京都宅邸，木户孝允和西乡隆盛签署协议缔结同盟，当时坂本龙马也在场。两天后的夜里，在京都伏见的寺田屋，坂本龙马突然被幕府伏见奉行所的捕吏刺伤，两根大拇指和左手食指的动脉被切断。为了治愈坂本龙马的伤，西乡隆盛和小松带刀把他邀请至萨摩，告诉他公认治疗外伤评价很好的汤治场。这样就有了可以说是"日本首次温泉蜜月旅行"的龙马与阿龙[1]的汤治之旅。

给他们做向导的是藩士吉井友实，小松带刀为了去岛津藩亲信们使用的雾岛荣之尾温泉疗养，已经先行出发。坂本龙马一行最开始是在西乡隆盛喜欢的日当山温泉留宿，之后又抵达新川溪谷涌出的盐浸温泉，住了 11 天。他在给姐姐乙女的信上写道："在谷川之流垂钓，以短筒击鸟。真是有趣。"由此可知温泉疗法奏了效。此后他们由吉井友实带领，登上雾岛山，在荣之尾探望了小松带刀，留宿在硫黄谷温泉。就像《三国名胜图绘》所介绍的"硫黄气可治湿疮"，硫黄谷有硫黄泉和酸性泉，或许会被推荐来防止伤口化脓。在温泉排行榜上，"萨摩硫黄汤"在西部排名上列居高位。

明治元勋在温泉

向未能亲眼见证明治维新的坂本龙马推荐温泉的西乡隆盛后来怎么样了？西乡隆盛在江户开城后的上野战争中取得胜利，

1　指坂本龙马之妻楢崎龙。

于明治元年（1868）六月与藩主岛津忠义共同返回鹿儿岛，随后立即前往日当山温泉静养。当时，日当山温泉还没有像样的旅舍，他就在共同浴池"元汤"附近借了农家的外间房屋，过起了尽情享受狩猎、垂钓和泡温泉的日子。

其后，藩主岛津忠义直接来到日当山温泉向西乡隆盛提出回归藩政的邀请，于是他回去了，为了支援箱馆战争率藩兵奔赴前线。他回归维新政府是在明治四年（1871）的二月。西乡隆盛一直就任政府要职直到明治六年十月。在朝鲜问题中，他反对无意义的出兵，提议由自己出使朝鲜，但这一决议被推翻。以此为契机，西乡隆盛以长期抱病为由提交辞呈返回家乡，从此再也没有担任政府或县的要职。

这段时间，西乡隆盛的主要逗留地就是萨摩半岛南端的鳗温泉、雾岛山中的白鸟温泉（宫崎县白鸟上汤温泉），以及栗野岳温泉这三处。

鳗温泉有被叫作"斯玫"的天然蒸汽炉。明治七年（1874），前参议江藤新平发起佐贺之乱，在战斗中前来请求支援，西乡隆盛没有响应。是年春天，西乡隆盛吟诵的汉诗表达了他的心情："尘世逃官又遁名，单悦造化自然情。"白鸟温泉有小地狱地带和天然蒸汽浴池。临到最后，距西南战争爆发尚有十个月的明治九年四月，西乡隆盛首次造访了栗野岳温泉。背后的松林里有热泉流经的八幡地狱，这里也有天然蒸汽浴池。在《西乡临末记》中西乡隆盛以一句"简直是仙境"，表达了对此处的喜爱，但是他终究没能实现再回到仙境般温泉世界的愿望。

再说其他明治元勋。正如《国民新闻》的当家人德富苏峰在明治二十六年（1893）的《热海通信》中所写"比鬼吓人的西乡自断头颅，如今天下无可怖之人……可大鼾安眠……"新政府的元勋和高官纷纷来到离首都不远的热海进行休养与社交（《热海市史》）。

西南战争之后不久，作为政府军的旅团长参战的大山岩等人来到热海，第二年大久保利通也来到热海。在西南战争中指挥政府军的黑田清隆，之后担任首相，他带人在热海留宿期间喜欢打猎，在旅馆二楼比赛相扑，强行邀请同行女伴裸身跳舞，闹得不可收拾。明治二十年代之后，形成一股在热海购置别墅的风潮。"作为维新功臣的游乐场所，热海之地日益发展"（《热海市史》），曾经的安艺藩主、佐贺藩主、德岛藩主等华族也陆续在热海购入别墅。

西乡隆盛会在没有旅馆的温泉场借宿百姓房间，好好享受朴素简单的公共浴场的下等位置。与之相对照的是明治的其他元勋，他们携爱妾留宿在著名温泉的高级旅馆，甚至还挥毫留下墨宝，弄出很大动静。当然，这些也是丰富温泉文化的一种做法。然而想到这些经历过幕末风起云涌时代的志士们，不由得去思考他们到底适合怎样的温泉生活呢？

2　由地租改革反思温泉权利

应对官方所有地与公有资产收编的方式

废藩置县后，明治政府为了稳固税收和财政基础，于明治六年（1873）七月实行地租改革。除去皇宫占地、神社用地和除税地以外，全国土地基本上分成官方所有地和民间所有地两部分，官民区分与地租改革同步推进。这对温泉地造成了十分深刻的影响。

原本由村落掌管和使用的山林原野、水源、矿泉等，和此前一直不是租税对象的村民集体所有地，根据政府方针将土地所有权进行区分后，将一律编入官方所有地。共同温泉浴池的土地，以及共有财产也全部归官方所有，很多温泉地都被强行收编，导致民众掀起归还请愿高潮。让我们来看一下具体有哪些对策。

江户时代的汤田中涩温泉乡所在地旧汤田中村和旧沓野村，原本各自拥有志贺高原一带的大片山林，是可以自由采摘的集体所有地。在明治政府时期，这些被编入公有地，甚至是官有地中。民众多次要求归还土地与温泉，却遭到拒绝。汤田中区和沓野区因明治二十二年（1889）起实行的町村制而合并成平稳村，至此为止的区内以及部落内所有财产全被收缴为町村公有财产，两区不可再作为集体所有地被随意使用与出入。长野县的局面也十分紧张。到了这一步，两区意识到了问题的严重性。

汤田中区和沓野区两区区民听取法律专家的建议，决定在近代法律系统允许的范围内各自成立财团法人，先把包含矿泉地、树林原野在内的区内以及部落内所有财产暂时作为平稳村村有财产汇拢，之后在区内及部落内所有的树林原野与矿泉地上设定永久性地上权，作为财团法人的基本财产。这样，汤田中区和沓野区在大正时期分别设立起共益会和和合会两大财团法人，到昭和二年（1927）获得认可。

以汤田中共益会为例，营运所必需的母体由以区民共同使用的共同汤为中心构成，这些共同汤小组包括安代组、脚气汤组、大汤组、千代汤组、新汤田中组等。明治之后的挖掘也是由共益会负责的，可以说是长期支撑温泉资源与使用设施的当地居民的成果。

野泽温泉也采用了同样的对策。包括涌出温泉的旧野泽村在内，近邻的四村于明治八年（1875）合并，成立旧丰乡村。随之又创立了野泽组，这是一个将11个温泉涌出区域集合在一起的地区自治组织，其目的是继承村落共同体的自治，执行道祖神祭之类的共同祭祀，保护与管理温泉资源和含共同温泉浴池在内的总有财产中组内所有地之外的其他财产。野泽组的规定上写明"组内资产，由全员共同所有"。统辖11个地区的区长管理组内资产，每年从全体成员中推选正副总代。这也是野泽温泉长久以来的总有历史被继承下来的证明。

在鸟取藩主御茶屋所在的岩井温泉，明治五年（1872）御茶屋和汤小屋被转让出去。由于旧鸟取藩士承购了御茶屋和中心温泉浴池一之汤，"宿中"（村中）为此申诉要求再度转让："一之汤乃（岩井）温泉根本，卖与他人，则困扰我等。"（《岩美町

图6-2 岩井温泉的共同温泉

志》）于是温泉和汤小屋、浴池成了岩井区有财产。

明治十年（1877），岩井区初次开始修建共同温泉。之后温泉改建的资金来源是岩井区各户的建筑储备金。明治三十五年刊发的《因幡岩井温泉案内记》（岩井温泉宿屋组合编）中有这样的说明："温泉浴场由村内共有（室内温泉不在此列），每年推选区长，主管监督一切事务。"明治四十五年刊发的《因幡岩井温泉志》中称岩井区内所有且是村内共有的共同温泉为"总汤"。

共有的维持与共有温泉盟约

明治九年（1876），拥有总汤的山中温泉规定将总汤的一切权利归于山中村所有，将浴场的管理委托给山中矿泉营业工会。江户时代形成的山中村在明治町村制转移过程中得以维持，并继续作为自治体保留共有传统。

七处温泉都有总汤的箱根在明治十三年（1880）七月，于箱根汤本温泉，达成共有温泉盟约及以此为基础的营业竞争规则。汤本在唯一一处泉源"元泉"处拥有共同浴池总汤。温泉场地区总共 19 户旅舍，有两家从元泉引流出室内温泉的，还有无室内温泉、需要利用总汤的，盟约合计共同管理这些地方的泉源与总汤。将明治以来近代法律的公有概念套在旧有的习惯上，订立一种叫作共有温泉盟约的崭新契约。盟约内容明确指出要顺从保护旧有的习惯。

在汤河原温泉，一堵石墙将藤木川河岸喷涌而出的本汤围成温泉浴池，成为村里所有的"村汤"。江户后期拥有"麻麻内温泉"等三处共同温泉浴池，拥有泉源地的宫上村也属共同所有，也就是说村内共有温泉的构造没有发生变化。

明治二十年代，宫上村并入土肥村。当时有人通过一种叫作"开掘"的浅处挖掘法增加泉源与温泉浴池，将其中一部分引流为旅舍内温泉，就这样产生了与旧有温泉习惯相矛盾的争端。于是温泉场地区在明治二十二年（1889）九月向土肥村村长提交志愿书，明确要求：旧宫上村有"全村共有温泉"，作为"村汤"维护至今的共同温泉和源泉是"宫上村中的宝物，与他人绝无关系……同村之间应相互借用，永久保护"。从这些用词中，我们可以看出长年维护温泉资源及共同利用温泉地区的居民的自豪感。在推行近代土地私有制和市町村制合并的时候，明治新政府也不能无视温泉地域社会自主形成的共同利用资源的传统方式，以及法律社会学上所说的旧有习惯上的温泉权利。

北海道开拓与温泉

新政府在明治二年（1869）设置了以开拓虾夷地为目的的官厅。虾夷地探险家松浦武四郎就任开拓大主典[1]，建言改称此处为"北加伊道"，最终定为"北海道"。明治八年设立屯田制度，在完善对北军事警戒的同时，北海道开拓也步入正轨。

---

[1] 日本律令制，四等管制第四等官的上位者的总称。

图 6-3　登别温泉地狱谷

　　介绍虾夷地温泉的早期例子之一是自天明八年（1788）起在此处住了四年的菅江真澄。他记录了自己到访道南靠近日本海的臼别温泉的经历。混在溪流中的温泉翻涌沸腾，涌出的温泉周围的岩石与树枝上立着很多 inau [1]，据说在是因为阿伊努人会在泡温泉的时候祭祀神灵。他们将温泉场视作圣域，于是立起向守护温泉的神灵表示敬意的 inau 来进行祭祀。

1　与神道中的御币（献给神的纸条或布条）相似的一种阿伊努族祭祀用品。

另一个早期的例子，来自天明五年之后作为幕吏的追随者前来虾夷地、千岛和桦太探险的最上德内。他在宽政二年（1790）写的《虾夷草纸》中记录了涌出的温泉流入浊白色河流这件事，阿伊努语称之为"灵力之川"[1]。这也就是登别这个地名的由来。弘化二年（1845）松浦武四郎曾在此入浴。

在登别温泉，自幕末时期起出入的大和人开始开辟通向温泉场的道路，建造了可以让很多人留宿的屋舍，就这样开始了"开发"。与移民的过程同步，大和人在各处温泉地开始了相关设施的建设。阿伊努人享受自然的恩惠，没有想过要将神灵所在的温泉据为己有。菅江真澄在东北地区北部看到阿伊努人祈祷着"温泉之神，请帮助我"入浴的情形，与明治以前很多汤治场几乎一样。

但是，此后大和人的温泉开发就是伴随着资本以及近代所有观念进行的了。大多数时候是向阿伊努人问出温泉的所在地，找到温泉，在那里修建常设的温泉浴池，建起屋舍，开辟道路。明治十五年（1882）札幌、函馆、根室三县体制实行后，开拓使

1　阿伊努语发音为"nuburubetsu"，与登别的发音"noboribetsu"相近。

职务转移，明治十九年发行的《日本矿泉志》刊登了对札幌和函馆两县合计 42 处矿泉（温泉）涌出情况的调查。但是，对根室县的情况只报告说有多处喷涌。在平成二十八年（2016）的温泉利用状况调查中，北海道的温泉地成了全国最多的，达 245 处。

没有归属的温泉成为开发计划中争抢的头阵，然而这样一来，阿伊努人就不能像之前那样使用温泉了。北海道温泉史的前奏就停止在了来自阿伊努语的温泉名上。

3　从自然喷涌到挖掘开发的大转变

挖掘温泉从上总挖掘法开始

给日本温泉带来大转变的是进入明治之后的人工挖掘。人们开始通过人工挖掘获得温泉。当时主要的挖掘方法就是钻井挖掘法，或者是依靠孟宗竹的弹力及反弹力，用竹片或铁管连续挖掘的上总挖掘法。

在别府，明治十二年（1879）开始了采用上总挖掘的"汤突"工程。就别府町而言，明治十四年自然涌出泉有 17 处，而挖掘出的泉眼则达到 576 口（《别府温泉史》）。在挖掘开发不断进行的过程中，也产生了过度挖掘的担忧，大分县于第二年的明治四十五年公布了矿泉监管令。

热海曾经依靠的也是大汤这样的自然温泉，到明治三十年代以后开始出现自己出钱挖掘温泉的势头。在热海，即便只是钻井挖掘也可以出温泉，但是这样直接对大汤产生了影响，间歇泉的喷涌次数和喷涌量都减少了。因此，持有大汤股份的那些汤户集团和新型挖掘开发者之间出现了对立。于是，明治三十三年（1900）出台了热海温泉场特别竞争规约，叫停了那些会对自古以来的温泉产生影响的挖掘工程，导入认可制。受热海情况的影响，静冈县也和热海、伊豆山、修善寺、伊东、莲台寺温泉一样，在明治三十八年修订了温泉场监管合约（《热海温泉志》）。

在箱根，是从早川和蛇骨川溪谷崖边有泉水溢出的地方横向凿穴挖泉。大正末期，与地面垂直的上总挖掘在箱根汤本初次实施。大正初期，箱根全山只有 40 处（除去姥子和芦之汤）源泉，昭和二年（1927）的温泉台账上这一数字增加到了 93 处（《箱根温泉史》）。关于获得允许挖掘温泉的记录始于大正十五年（1926）（《箱根汤本・塔之泽温泉的历史与文化》）。在箱根，挖掘泉的出现与扩大也开始导致自然涌出泉和已有泉源喷涌量的减少。

就全国范围而言，虽然这些只是持续到今天的个别温泉的过度挖掘开发的序曲，但是这一转变令原本以自然涌出泉为基础的日本温泉状况大为改观。

内务省卫生局和《日本矿泉志》

明治政府的行政管辖中，温泉划分在了医药与卫生领域。负责这一领域的是长与专斋，他在明治四年（1871）到明治六年与岩仓具视一同赴欧美考察。在考察了各国医药与卫生的情况之后，长与回国就任了文部省的医务局长一职，此时文部省刚开始接管在国民保健卫生上非常重要的医药卫生领域。明治七年至八年，东京、京都和大阪都设置了试药场，试药场的重要工作之一就是分析矿泉与温泉的成分。这一工作起于明治七年，还会将样本送至医学院以研究其功效（服部安藏《温泉分析变迁史》）。

东京试药场教师 G. 马丁在明治七年（1874）八月分析了热海的温泉。中岛桑太在同年出版《热海温泉考》小册子的时候，就参考了马丁的分析表。在这之前的明治五年七月，来日本的法国医师让·保罗·维达尔于同年十月末造访热海,着手进行温泉调查与分析(《温泉》通卷七七〇·七七一号)。继江户时代开始的这一系列尝试推动着明治以来的温泉分析和功效研究。

自明治八年(1875)起,卫生行政移至内务省,设置卫生局,长与专斋担任首任局长。明治十四年在德国举办世界矿泉博览会,卫生局下令对全国矿泉进行调查分析,日本也在博览会上展示了矿泉水及其分析表。在这次调查结果的基础上,加入矿泉性质、分类、医治效用及入浴方法,再加入地图,由卫生局编纂成三卷本的《日本矿泉志》,于明治十九年出版发行。其中登载的全国府县源泉调查分析是对自然喷涌时代温泉状况的一次汇总,是一部集大成之作。

在《日本矿泉志》里,记录了大致分成温和冷两种情况的单纯泉、酸性泉、碳酸泉、盐类泉、硫黄泉五种泉质的泉水。这里记录的主要是以自然涌出泉为前提的温泉地,而且是自明治之前就开始喷涌的例子,虽然很笼统,但从中大体上可以看出当时的泉温、成分以及泉质的趋势。既可以了解当时的泉水魅力,又可以与现在已经成为常态的挖掘温泉进行比较,有着很高的资料

价值。这里记载的温泉地总数是 885 所。最多的是福岛县的 86
所，其次是鹿儿岛县的 69 所，紧接着是秋田县的 50 所。日本东
部地区占 562 所，也就是说我们可以知道，从自然喷涌时代起，
日本东部地区的温泉资源就是占优势的。

贝尔茨和温泉疗养地计划

明治九年（1876），德国医生埃尔文·贝尔茨（Eruin
von Bälz）受邀来到日本，就任东京医学校的内科教授（东
京大学医学部前身）。原本只有两年的合约最后一直续约到
明治三十五年，达 26 年之久。他退休之后，又担任了宫内省
侍医。

明治十二年（1879）末，贝尔茨出远门来到热海和箱根。
他在《贝尔茨日记》中写下"为了开设温泉场的计划而研究热
海"。这应该是他首次到访日本的温泉地。自开始筹备开设温泉
场以来，他又访问了伊香保、草津、四万等关东北部地区的温泉
地。以贝尔茨向内务省提交的建议书为底本，政府机构中央卫生
会在明治十三年七月出版了《日本矿泉论》。

对于追求入浴次数和入浴时间的日本人，贝尔茨表现出了

担忧，他认为饮泉疗法很重要。另外，温泉的实际效用当中不光是温泉成分，温泉地的气候、日照、干燥度与高度等环境条件，以及温泉医生的介入也很重要。从这个观点出发，他强调了制订具备理想环境条件的温泉地计划的必要性。在《日本矿泉论》第一篇的总论里，他提及热海、草津、箱根、伊香保等温泉，在第二篇中围绕伊香保探讨了计划的若干条件，也专门提及了热海。

但是贝尔茨认为政府没有开发温泉地的财力，只能由温泉地自身尝试改革。对于伊香保来说，他建议在详细调查的基础上，对前往汤元等地的道路以及步行道进行修整，改变以游乐为本的现状。

明治二十年（1887）四月，贝尔茨向宫内省递呈了想在从大涌谷到姥子温泉的这条路线上修建一大温泉疗养地的意见书，请求宫内省购买周边土地大约 100 町步[1]，另外再长期租下其他的 180 町步土地。政府的反应很复杂。翌年明治二十一年八月，内务省卫生局长长与专斋将意见书上交时附上了如下的参考建议。一方面，他认可"以箱根的离宫为中心收购姥子温泉，开发皇室

1　表示山林与田地面积的数量单位，1 町步约合 9917 平方米。

温泉场"，制定山林原野部分的区划，"规定建筑的制度，租借给华族或其他具备相应资格的人，由宫内省掌管一切"，"允许贝尔茨负责计划"；同时他又对"放弃现在山中所有的绝佳名胜，任由他人占有"显示出犹豫。

贝尔茨自身也对这个情况表示担心。在明治二十二年（1889）八月五日的日记上，他吐露了自己的心声："我那庞大的温泉场计划，通过宫内省实现了。但是，现在还不清楚究竟会怎样实现。我想知道政府会以怎样的态度对待我，是否会极力排挤我？"（《贝尔茨日记》）。

虽说如此，但宫内省接受了建议，于明治二十二年（1889）之后，从元箱根村与仙石原村以大约 5 万日元的价格，分多次收购了大涌谷到姥子温泉之间约 182 町步的土地（《箱根温泉供给史》）。元箱根村甚至向宫内省进献了姥子温泉周围两町步的土地。明治二十三年，村中以 26000 日元的价格，将包括姥子温泉在内的大涌谷周边的村有地约 120 町步卖给宫内省，且附加了一个条件，就是村子在明治三十四年之前仍保有姥子温泉的营业权与使用权。就这样，宫内省的收购不断推进，但贝尔茨在箱根的一大温泉场计划最终未能实现。

下一个计划是针对草津的。因为与贝尔茨的这种联系，伊香保和草津都对他十分感谢，向世人彰显他的功绩。贝尔茨肯定了以草津的时间汤为代表的传统汤治法，开拓了日本近代温泉医学的新领域，提倡温泉环境、气候与转地疗法的衔接。另外，他强调海水浴和海滨疗养地的重要性，这点也很重要。这是很多海边温泉地的优势特色，是值得好好利用的环境条件，但是当地的人们往往不自知，直到今天也没有得到充分开发。

混浴和浴场的新对策

对于学习西洋先进国家、推动近代化进程的明治政府来说，混浴是需要及早解决的问题。

政府意识到了欧美对混浴的反应，于明治十二年（1879），在内务省和警察的主导下，发布《东京府汤屋监管规则》，规定"禁止混浴和裸浴"。以此为开端，明治三十三年，一般浴场禁止 12 岁以上男女混浴。昭和二十三年（1948）实行的《公众浴场法》，接过的正是这项规定的接力棒。

同法第一条对公众浴场做了界定："温汤、潮汤，以及温泉，或者其他一些公众入浴设施。"也就是说以当地居民为主体的温泉地的共同浴场被排除在外，不适用本法。在那些拥有历史悠久的温泉地的道县，条款也有细微的差别。比如神奈川县提出"十岁以上不可男女混浴。但是，若知事认为在使用时不存在败坏风纪的情况，即不受此条约束……"，这也是出于对迄今为止的温泉入浴习惯的考量。

另一方面，该法对温泉住宿、旅馆业的卫生等管理要领做出指示："开设共同浴室，原则上男女有别……"然而，对出于疗养目的及共同浴场等传统的混浴，政府在对现状进行再确认之后，认可了与疗养无关的以游客为主的裸身混浴。

另外，问题不光是混浴还是分开入浴，在日本西部地区，还有很多通过入浴费来区分身份的温泉浴场。在嬉野温泉，明治十二年（1879）改建的公共浴场将浴室分成一至五等，入浴费用不等。明治二十二年，又把一等和二等改造为特级最上等的浴室，提供包租服务（《嬉野温泉志》）。在这之前，有地位或富裕的人包租入浴的形式都是"幕浴"[1]，到了这个时期，就变成要把其他客人都赶出去，提高费用开设包租温泉。

---

[1]　身份高贵的人入浴的时候，会拉起一块帘幕来遮挡别人的视线，称为"幕浴"。

　　曾经是藩有的道后温泉也按身份及性别进行了区分。明治二十二年（1889）道后温泉在道后汤之町成立，共同浴场变为町有，努力招揽客人的同时，温泉还致力于浴场和浴池的增建与改建。明治二十七年，房顶上有塔屋（振鹭阁）的木结构三层建筑竣工，这就是道后温泉本馆。第二年来这里泡温泉的夏目漱石创作的《少爷》博得了读者的盛赞。明治三十二年，又加了一座皇室专用浴室，名叫"又新殿"。旅舍纷纷开始划分等级。在箱根汤本，有室内温泉的两家温泉旅舍被定为第一等与第三等；而没有室内温泉，共用总汤的旅笼被定为第六等与第七等（《箱根热海温泉道指南》）。热海拥有引流大汤源泉的权利、在拥有室内温泉的旧汤户体系下的旅舍，在等级上占据一至四等。汤户体系的旅社势头渐衰，使用大汤以外的源泉的非汤户旅社与新加入的旅舍逐渐抬头。非汤户旅舍被定位在二至五等，新加入的有势力的旅舍为一至三等（《热海温泉志》）。这些旅舍为了迎合政府要人、华族、实业家等新客户群，趋向于建造进深较深的三层或多层建筑。全国各地都见证了旅馆多层化建筑的兴盛。

4　铁路促成的温泉地振兴

延长的铁路与温泉地

交通基础设施的不断完善，公路以及铁路网的不断发展也为明治之后温泉地的振兴发展做出了贡献。随着明治二十二年（1889）从新桥到神户的东海道延长线的开通，东京、横滨与湘南、伊豆地区的联系得到加强。19 世纪 90 年代之后，比起去还没通火车的热海，愿意去大矶和镰仓方向的游客有了增加的趋势。

小田原的实业家愿出资助热海地区开通铁路。小田原位于东海道线国府津站与马车铁路[1]相连接的位置。热海在小田原实业家的帮助下，于明治二十九年（1896）三月开通了小田原与热海之间的豆相人车铁路[2]，这段路线是从矗立在海边的陡崖峭壁旁通过。由此，从小田原到热海的时间缩减了一个小时，7 个小

---

[1] 由马拉着铁轨上的车跑，故称马车铁路。

[2] 由人工推车的世界罕见的铁路。每辆车平均坐 6 位游客，有 2 到 3 位车夫推车。一般是 6 节车组，在小田原和热海之间每天往返 6 次。在遇到陡坡的时候，会有客人下车与车夫一起推车的情况出现。

时就能从东京到热海。大正十四年（1925）三月从真鹤到热海之间的热海线开通，从东京启程，不需要换乘，3个小时之内就能到。

昭和九年（1934）十二月，经历了艰难开凿之后，丹那隧道开通。热海线接入东海道线三岛站，从此热海线成为东海道本线的一部分。这样一来，来热海的游客猛增。为了给那些新出现的旅馆及别墅供应温泉，启动了町营温泉工程。因为观光业的发展，热海町在昭和十二年四月与多贺村合并成为热海市。

在箱根，国府津与箱根汤本间的小田原马车铁路于明治二十一年（1888）开通。明治二十九年起改称小田原电铁，大正八年（1919）从汤本延伸至强罗，从强罗开始铺设早云山索道，箱根的交通网至此完善。与此同时，贝尔茨的温泉地计划受挫，之后大涌谷、仙石原、强罗地区的温泉与分开出售的土地的开发有了进展。在昭和二年（1927），新宿与小田原之间的小田原电铁开通，从东京从此可以直通箱根山上。

在鬼怒川温泉（栃木县），开发溪谷之间自然涌出泉的难度很大。虽然在大正时代，因为建设水坝导致河水水量减少，泉水量有所增多，但是增多的有限。利用水力发电所运输材料的轨道，于大正四年（1915）建成了下野轨道。这项工程在昭和二年（1927）被纳入东武资本旗下，与东武日光线相连，直通东京浅草。以此为契机，东武充分利用自己的资本能力与交通网络，与日光地区携手促进了温泉地的形成与发展。

下吕温泉也是从飞驒川的河岸处自然涌出的，每次发洪水泉源就会被埋。大正时代，该地区组织了合资公司进行开发挖掘。昭和五年（1930）高山线从岐阜延伸至下吕，下吕站投入使用。这成为铁路开通上的一大转折点，到了昭和初期，汤之岛馆、水明馆这些大型旅馆相继兴起。于是，温泉需要新的维护，名古屋的资本家与汤之岛区签订合约，用租借温泉权利的形式开始进行挖掘开发。这样一来，下吕温泉也开始在旅舍内建设室内温泉。

加贺温泉乡的片山津温泉，虽然人们知道柴山潟中有温泉涌出，但是想要开发很难。明治以后，开始了泉源附近湖畔的围垦工程，渠道被打开，旅舍开始兴起。大正年间与北陆本线车站相连接的马车铁路的开通，成为温泉地发展的契机。

明治二十八年（1895），城崎温泉的温泉资源和入浴设施由本地的汤岛村移交至汤岛财产区。随着山阴线的延伸，城崎站于明治四十二年开业。从人口众多且富饶的京阪神地区来的游客增加。与此同时，汤岛财产区的六处共同浴场开始进行改建，分等级的浴池也不断增加。

皆生温泉（鸟取县）也是明治时候诞生的一大温泉地。由于沙土堆积，海岸线不断推进，从而在靠近海岸的海洋中发现了涌出的温泉。村子获得了温泉权利，开始经营村间温泉。但当海浪凶猛的时候，泉源就很难维持，所以需要依靠外部资金挖掘引流来开发温泉地。这个开发计划中包括：与已开通的山阴线米子站相连，完善交通线路；通过集中管理源泉，建设井然有序的温泉街，其中将包含旅馆、别墅区、温泉公园和温泉设施等。计划实施后，皆生温泉作为山阴屈指可数的新兴温泉地，在大正时代后期奠定了今后发展的基础。

铁道省编《温泉指南》

以全国官设铁路扩大为背景，明治三十九年（1906）公布《铁路国有法》，官设铁路和私营铁路合并为国有铁路。作为事业主体单位的铁道院，于大正九年（1920）五月升格为铁道省。这年三月出版的《温泉指南》初版由铁道院发行。待铁道省步入正轨后，改为由铁道省编纂，委托大型出版社博文馆发行、售卖，成为第二次世界大战前的长销品。这本书介绍了主要铁路线沿线有住宿设施的温泉地，推动了火车温泉旅行的发展。

大正九年（1920）发行版的卷末，转载了药学博士石津利作的温泉疗养法，推荐了不同气候条件，或者山谷、森林、海滨等不同地形条件下温泉地的挑选方法，对应泉质和成分，根据功效的不同进行介绍。即便是温泉观光，也要将健康与疗养，以及温泉的使用方法作为内容基础。

《温泉指南》的内容随着年次与修订次数的增多越来越充实。大正九年确立了其基本形式，即从介绍东海道线的各主要线路开始，一直介绍到北海道路线沿线的温泉地为止，但是只限于国内。到了由日本温泉协会和博文馆共同复制和发行的昭和六年（1931）版，介绍中便包含了殖民地桦太、朝鲜、"满洲"及台湾的温泉地。

昭和六年，朝鲜有温泉 11 处，"满洲" 3 处，台湾 6 处，桦太 5 处。随着这些地方的观光产业不断开发，在昭和十五年的修订版中，朝鲜与台湾的温泉分别增加至 21 处与 12 处。由此，铁道省编纂的《温泉指南》成为介绍日本殖民时代温泉的贵重资料。

在昭和六年的版本中，索引后面附了一张"功效一览表"。除特定的一些症状之外，还有保养、安慰、避暑等项目，在"赐子"的温泉之后还列举了可以"美白"的温泉，有群马县的川中、松汤，和歌山县的龙神和岛根县的汤川四处。关于川中温泉附近的松汤，有这样一段介绍："于此处温泉入浴的客人，无论男女，都能收获美白奇效，故而又名'美人汤'。"我认为这应该就是之后"日本三大美人汤"的出典，原本应是"日本四大美人汤"。

在铁道省支持下的报社温泉企划

时间从大正时代逐渐走向昭和。进入昭和时代之后，各类温泉活动依旧存在，不同的是现在有铁道省的支持。本小节将对此展开介绍。

昭和二年（1927）四月，《大阪每日新闻》与《东京日日新闻》为了促进报纸销量，在铁道省的支持下举办了大型活动：评选有温泉一项在内的"日本八景"。八景指全国范围内的山岳、溪谷、湖沼、海岸、河川、平原、瀑布和温泉，这次的活动就是从公众寄来的明信片投票里选出八景中各自最有代表性的那一个。八景原本是中国古已有之的一种优质风景的评选集合，所以新评选出来的日本八景也可以叫作"日本新八景"。

各领域的有识之士担任评选委员，对投票推荐出的各个风景地进行实地调查，再由大家们为这八景撰写游记，集结成书。温泉的审查标准中特别加了两项，就是喷涌量和泉质。在第二年即昭和三年（1928），由铁道省发行、两家报社售卖的就是这本《日本八景》。幸田露伴负责瀑布中的华严瀑，河东碧梧桐负责平原中的狩胜岭，山田花袋负责海岸中的室户岬，北原白秋负责河川中的木曾川，泉镜花负责湖沼中的十和田湖，是一个豪华的大家阵容。温泉中当选的是别府温泉，负责这一项的是高浜虚子。

日本八景中每个景色都选出前十位，选出这八景之后，又评选了"日本二十五胜"与"日本百景"。温泉中，花卷温泉以惊人的212万高票数位列第一，第二位是得票数103万的热海。不过在这庞大的投票数量中，好像有一部分是有组织的拉票，因此在参考票数的基础上，结合其他调查，由别府温泉当选。"二十五胜"里的温泉有热海、盐原、箱根温泉。"百景"当中有 11 处温泉地，分别是登别、花卷、青根、东山、伊东、和仓、山中、片山津、芦原（福井县）、三朝（鸟取县）和嬉野。

受此触动，两年后即昭和四年（1929），国民新闻社将焦点对准温泉，开启了评选"全国温泉十六佳"的活动企划。《国民新闻》的版面上出现了这样的通知："灵泉名汤较量，欢迎投票。在我日本有四百余处温泉，各有特色，请考虑泉质、风景、配套设施及交通，选出最杰出的那个。"以"全国温泉十六佳"由得票数来决定这一点吸引人们参与投票。

选出来的温泉地，按照得票数量顺序为：箱根、花卷、下部、日光汤元、濑波（新潟县）、吉奈（静冈县）、老神（群马县）、小谷（长野县）、鬼怒川、伊豆长冈、玉造、热海、二股（北海道）、大室（群马县上牧）、温海、川原汤（群马县）。

纵览以上的日本八景、日本二十五胜、日本百景和全国温泉十六佳，以草津和有马为首的那须汤本、城崎、道后等著名地点，并不在温泉的高票行列之中。入选的无论哪一个都是以共同浴场和室外温泉为中心的温泉地。联想到当时对旅馆室内温泉的呼声正在进一步高涨，或许那时候已经开始考虑该如何应对大众温泉旅游时代了吧。

第七章 温泉旅游的发展及变化：

昭和、平成时代

1 昭和前期的状况

温泉地的状况与温泉研究的开展

大正十二年（1923），内务省卫生局发布《全国温泉矿泉调查》，根据这本书中的一览表所示，全国有游客光顾的矿泉地（温泉地）有"946 处"。最多的是长野县的 114 处，紧接着是第二名秋田县的 70 处，第三名鹿儿岛县 68 处，第四名新潟县 64 处。有游客光顾的矿泉地的列表中，缺少京都、滋贺、冲绳这三个府县。

全国范围内，温泉游客年均达 16806911 人。最多的是兵库县的 194 万人。光顾城崎温泉的人数占据压倒性高位，达 100 万人，其中汤村温泉是 25 万人，新兴的宝冢温泉是 23 万人，神户市凑山温泉占 20 万人。出人意料的是，离京阪神最近的有马温泉，竟然只有 13000 人。光顾温泉的游客数多于 100 万人的五个县分别是熊本、长野、鹿儿岛、大分和爱媛。

随后于昭和十年（1935），内务省卫生局出版了其编纂的《全国矿泉调查》。其中，全国范围内的矿泉地数量变成了868处，源泉总数变成了5889处。不知是否由于调查对象是暂定的缘故，相较于明治十九年（1886）刊发的《日本矿泉志》，矿泉地的数量没有增加，源泉总数却增加了。是否是因为各温泉地都有了新的挖掘开发呢？

大正十四年（1925），别府市和拥有三朝温泉的三朝村开始以目的税的名目征收入汤税，是为首创。其目的是为了解决温泉游客大增带来的问题，改善修整温泉地设施。昭和七年（1932）热海町发布入汤税条例，面向留宿游客，开始收税。

明治三十一年（1898），居里夫妇发现镭元素，并探知镭元素在α- 蜕变后会释放氡气。在日本，也开始对温泉中氡气含量进行分析调查。这样一来，"世界上屈指可数的含有丰富放射性物质"的增富镭温泉和三朝温泉再次来到聚光灯下。

大正以后，温泉的学术研究热潮，让人们充分认识并使用温泉疗法。昭和四年（1929）半官半民性质的日本温泉协会成立，协会中设立了从不同领域来开展温泉研究的学术部。大学方面，昭和六年，九州帝国大学在别府设立了温泉治疗研究所。之后，北海道大学在登别设立大学分院，大阪大学在白滨设立温泉疗养所，冈山医科大学（冈山大学医学部前身）于三朝温泉设立研究所。学会方面，日本温泉气候学会（日本温泉气候物理医学会）于昭和十年成立，自然科学领域的温泉科学会于昭和十四年成立，温泉研究在这些领域日益精进。

前述《全国温泉矿泉调查》中，使用人数最多的前 20 名温泉中，第一名的道后、第二名的城崎、第四名的山鹿、第五名的武雄和第八名的汤村等 8 处占据了没有内汤只有外汤的公共浴场榜单中的 8 个席位（高柳友彦《近代日本的资源管理：以温泉资源为例》）。管理外汤和泉源的是当地街道、村落的居民或者由旅店业主设立的公司与合作社。

在旅馆和客人都很多的温泉地中，有一些还保持着以外汤的公共浴池为主的形式。但是因为铁路的不断发展，温泉游客会进一步增加，如果旅馆数量还继续增加的话，把温泉引入室内开设内汤的要求也只会有增无减。到那时，就会是一个将主要阵地逐步移向内汤的转换期了。

关于旅店增设内汤的一些问题

即便是山中温泉，也存在因室外共同浴场四周的泉源数量不足，而无法为各家旅馆引入内汤的问题。在地质调查中，附近旅馆内涌出泉水的事情得到确认，引发旅馆业主间对内汤的强烈需求。为此，山中町于昭和五年（1930）取得了供给和使用旅馆内源泉的权利。为了顺利增设内汤，山中町成立了内汤配给所。为了增加温泉量，在附近进行了挖掘并开源引流，结果导致涌出泉水的旅馆自身的泉水水量下降。该旅馆为恢复原状，向法院提起诉讼。诉讼期间，山中町发生了一场大火，法庭上的争议也由此达成和解。

山中温泉以优先供应共同浴场的泉水为前提，继续增设旅馆内汤。明治以后，本就掌握着泉水源头和泉水配给权的山中町代替原本由旅馆业主组成的山中矿泉营业合作社开始担负起管理共同浴场的职责。山中温泉内部历史悠久的共同浴场所发挥的作用及其地位都在下降，这一事实已不容否认。

其他一些只有外汤共同浴场的有名的温泉地，在昭和时代战争开始前的时间里，在执行将泉水引入旅店的计划时也遇到重重阻碍。原因和山中温泉一样，因为泉水源头和喷涌量是有限的，因此谁负责新挖温泉的主要开发，就成了问题之一。另外，许多人尤其害怕的是会给已有泉源和泉水喷涌量造成不利影响。而且，即便有多个泉源，泉水喷涌量也很大，但入浴的场所应由温泉地全体共同使用这个根深蒂固的文化习惯，仍在阻挠内汤的增加。

在前述《全国温泉矿泉调查》中，客人入浴数排第一位的道后和第二位的城崎温泉，不在我们所说的昭和时代战前增设内汤困难的温泉地之列。道后温泉直到战后的昭和三十年（1955），成功挖掘出新的泉源之后，周边旅馆内才开始引入内汤。

城崎的多个泉源都是由汤岛财产区统一管理，入浴的地方有 6 处，都是外汤。昭和二年（1927）一家旅馆申请开设内汤，与汤岛财产区的争论闹上法院，最终在昭和二十五年达成和解。胜诉的旅馆向街道以及汤岛财产区承诺"承认由地方共同体享有使用温泉以及统筹管理温泉的权利"（《川岛武宜著作集》第九卷）。后来，兵库县获得补助，以街道和汤岛财产区的名义开始挖掘温泉，在昭和三十一年确保了新泉源有泉水涌出之后，开始增设内汤。

有马温泉的泉质特点是富含碳酸和放射性物质，但是主要的含铁强盐泉源只有一个，一直是有马町管理下共同使用的外汤。由于这个泉源的泉水喷涌量呈现减少的趋势，挖掘新泉源迫在眉睫。昭和十六年（1941），街道与神户有马电车公司共同出资成立温泉挖掘公司，第二年挖出了温度高达 80 摄氏度以上的有明泉源。

但是有马温泉在战前未能引入内汤。战后的昭和二十二年，曾经由有马町管理的泉源和浴过合并后由神户市接管。到 20 世纪 50 年代，神户市陆续挖掘出新的泉源——天神泉源、御所泉源、极乐泉源，保证了高温泉水的供应，这才迎来了有马的内汤时代。

2　战争时代与温泉

帝国军队的温泉与异地疗养所

昭和时代的前一半时间是战争年代。在这些岁月里，温泉与温泉地又发挥了些什么作用呢？

帝国军队与温泉的关系始于明治时代。起初是因为士兵中流行脚气病，由于没有好的治疗办法，所以期待通过在异地的疗养改善病症。现在，脚气病是一种由缺乏维生素 B_1 引起的疾病已经成为常识，当时却病因不明，尤其是受到德国医学影响的陆军执着地认为这是一种传染病或者中毒症状。帝国军队以去除了胚芽的精米为主食，粗粮很少，因而缺乏维生素 B_1。缺了这种营养之后，就会出现全身倦怠、手脚麻痹、下肢沉重、脚趾无法上抬、易跌倒、行走困难的情况。不仅会丧失战斗力，甚至还会引发呼吸不畅、心脏肥大、体能衰退，患者的死亡率居高不下。

学习英国卫生学的高木兼宽是海军医院院长兼医务局长，在他的带领下，海军士兵们的饮食率先得到改善，海军军队中已不再出现这一病症。与之相对，在明治十一年（1878），帝国陆军中病死的士兵里因患脚气病而死者占到六成。将饮食改为白米大麦混合食用一段时间之后，到明治二十一年，脚气病的死亡率依然占到二成。日清战争（1894~1895）时期，在战场再次配给以白米为主的食物，据陆军省医务局官方记录显示，脚气病患者占住院患者的四分之一，脚气病引发的死者是战场牺牲人数的四倍以上。日俄战争（1904~1905）时只能说惨状变本加厉了。脚气病的统计数字因其"军事原因"（《明治三十七、三十八年战役陆军卫生史》）而被视为机密。

　　主要的病因是营养不良，然而人们却认为异地疗养或许有助治疗。"针对此病，唯异地疗法有奇效"（《陆军省第一年报》明治八年七月至明治九年六月），报告中称它有改善效果。在适合在温泉治疗的一般性病症中，也包含"运动麻痹导致肌肉僵硬、神经末梢循环障碍"等，而这些也是脚气病的症状。再加上疗养地气候条件不同，因自然环境良好而便于户外步行训练等，都可以成为异地疗法的加分项。另外，最重要的一项是在温泉地异地疗养所里的饮食内容不同。

　　最早的温泉地异地疗养所是香川县丸龟的陆军预备医院于明治二十七年（1894）十一月开设的盐江温泉。自明治二十八年六月开始，九个月的时间内，汤河原也成立了疗养所。日清战争时期，全国共开设25处（西川义方《温泉与健康》）异地疗养所，其中的温泉地有浅虫（青森县）、青根、远刈田、小原（都是宫城县）、出汤（新潟县）、盐江、武藏（二日市温泉）、嬉野、栃木（熊本县）10处。

　　到了日俄战争时期，明治三十七年六月以后设立的异地疗养所的数量又进一步增加，全国达到54处，温泉地也增加到了半数以上的 28 处。新增加的温泉地有登别、碇关（青森县）、川渡和镰先（宫城县）、饭坂（福岛县）、塔之泽、热海、伊豆山、修善寺、和仓、山中、有马、城崎、岩井、美又和有福（岛根县）、汤野（山口县）、道后、船小屋（福冈县）、古汤（佐贺县）、别府、日奈久这 22 处。

以上这些是一定时期内的临时性设施，主要是借用旅馆成立的疗养所。到了明治四十一年（1908）三月，《守备医院条例》得到修改后，守备医院被允许设立分院，疗养所摇身一变成为医院直辖的常设设施，用来管理疗养患者。全国设立了五处分院，其中饭坂、热海、山代、别府四处是温泉地。昭和十二年（1937）七月，中日战争爆发，守备医院分院满足不了需求，于是再次以异地疗养所的形式，进一步扩大使用温泉地。战国时代的私人温泉，已成为国家疗养使用的对象。

昭和十七年（1942）四月，在箱根的汤本温泉开设了东京第一陆军医院箱根临时异地疗养所，昭和十九年一月改名为东京陆军临时医院箱根分院。开设之初只有用来作为医院本部的旅馆是病房，随着战事的扩大，伤病员增加，不得不继续征用旅馆为病房设施。设施分布在包含塔之泽温泉在内的 9 处，其中收治的患者总数达 1680 人。因为是旅馆，所以病房基本是榻榻米的房间，有一部分改造成了有床的房间（《箱根温泉史》）。从大涌谷取来温泉泥敷在病人伤患处的泥浴治疗法盛行一时。这种疗法可以从内部温暖身体，提高保温效果，对骨折、跌打损伤和风湿病也有疗效。另外，身体较好的伤病员可以进行复健，外出远足训练，为归队做准备。

将箱根汤本与塔之泽温泉笼括在内的箱根分院，于昭和二十年（1945）十二月一日正式关闭。"箱根分院的总指挥官是军医官，该院已无法贯彻统一管理。情况不错的患者已先行遣返回乡，各病房只留下重病患者。最后这四百名患者被集合到三昧庄。其他被指定为分院病房的旅馆于九月三十日解除与分院的关系。随后，这些重病患者和医疗器械一起被用卡车转移到了热海陆军医院。"（《箱根温泉史》）这就是箱根分院最后的情形。估计设置在其他温泉地的分院和异地疗养所，也是以这样的情形结束了它们的使命吧。

温泉强兵

在战争年代，温泉被用来维持健康、提升体力、增强体质，从而为战时国家效力，这是保健运动的一个环节。日本温泉协会在昭和十六年（1941）十月发行的协会杂志《温泉》上刊登了一篇文章《人口国策与温泉》，可谓极具代表性。

文中指出："今年日本人口逐步呈现减少趋势，皇国未来堪忧。事已至此，我们更要注意保持强健的体魄，避免生病……为了强国，我们需要为人口增长做出贡献。""为此，这个时代的温泉，其经营目标也应从'疗养'转向'福利保健'……对于国家来说，比起治疗少数患者，保持全体国民的健康，增强全体国民的体质，将疾病防患于未然才具有更深远的意义……就发挥此等重要作用而言，没有比温泉更自然舒适的方式了。"所以温泉地必须为达成这个使命而努力。

健康强健的国民人口的增长与兵力的强盛直接相关，"为了打响全面战争……为了国家"，在这一口号与人口国策的召唤下，温泉地的主要目标就是必须为此做出贡献。

此时，新潟县松之山温泉的温泉旅馆正在高呼"温泉报国、健康报国"。草津温泉合作社发行的宣传册也倡导国民精神总动员，以"做好后方保健"来宣传温泉的效用（关户明子《近代观光与温泉》）。虽然标题是"草津温泉街"，但配图不是穿着浴衣的客人，而是正在攀登草津白根山的夫妇，表现出响应保健运动号召的精神。

此时，温泉地和温泉的意义已经不是为了一般的保养和娱乐，而是大半成为军队的疗养所，还有部分是以大后方国民保健的形式，成为积极推行增进健康的保健运动的场所，被纳入国家全面战争。

接收被疏散的学龄儿童

战局进一步恶化后，温泉地被赋予了与它本身性质相符的职责，那就是接收被疏散的学龄儿童。

在德国和英国也有过疏散学龄儿童的先例。但是，在日本与其说是保护儿童，不如说是为了更顺畅地开展战斗。主要目的是："去除防空行动的阻碍，以期防空事态获得飞跃性进展……培养下一代战斗力。"（全国学龄儿童疏散联络协议会编《学龄儿童疏散记录Ⅰ学龄儿童疏散的研究》）由于开始得晚，临近战败，就成了临阵磨枪式的粗放型疏散。

昭和十七年（1942）四月十八日，美国空军对日本本土实施空袭，翌年十二月十日，文部省宣布开始疏散居住在东京、大阪、横滨等大城市的学龄儿童，将他们疏散到有亲戚在的偏远地区。昭和十九年五月之后，逐次开放"战时疏散学园"来接收在没有外地亲戚的学龄儿童。同年六月，美军登陆塞班岛。六月十三日，在 B-29 轰炸机对北九州地区进行轰炸时，内阁议会发布《促进学龄儿童疏散纲要》，为了不动摇国民意志，这份文件被标记为"绝密"。七月二十日，发布要求学龄儿童疏散的 13 个城市，包括东京、横滨、川崎、名古屋、大阪、神户等。可以测算出约有 40 万人需疏散。

　　和需要温泉疗养的伤病员不同，温泉不是学龄儿童疏散目的地的首选。但是考虑到需要具备可以接收大批学龄儿童的容纳能力，温泉地还是主力军。因此，温泉地接纳了众多疏散的学龄儿童，接纳力惹人注目。

表7-1　接收被疏散学龄儿童的温泉地

府县名	温泉地名	疏散出发地
青森县	大鳄	东京都
岩手县	志户平、汤川	东京都
宫城县	鸣子温泉乡、秋保、远刈田、镰先、小原	东京都
秋田县	大泷	东京都

府县名	温泉地名	疏散出发地
山形县	温海、汤田川、汤野滨、濑见、赤仓、赤汤、上山、藏王、汤田、东根、小野川	东京都
福岛县	岳、会津西山、沼尻、中泽、横向、热盐、川上、翁岛、磐城汤本、磐梯热海、饭坂汤野、东山、芦牧、汤野上、母畑、土汤、高汤	东京都
茨城县	袋田	东京都
栃木县	鬼怒川、川治、盐原温泉乡	东京都
群马县	草津、泽渡、四万、川原汤、水上、谷川、大穴、猿京、汤宿、汤桧曾、川场、老神、伊香宝、矶部、八盐	东京都
神奈川县	箱根温泉乡、汤河原	横滨市
新潟县	出汤、濑波、汤田上、汤泽、赤仓、妙高	东京都
富山县	宇奈月	东京都
石川县	山代、山中	大阪市
福井县	芦原	大阪市
山梨县	下部、盐山、汤村	东京都
长野县	汤田中、涩、角间、安代、上林、野泽、户仓、上山田、上诹访、下诹访、鹿教汤、别所、沓挂、田泽、山田、浅间、里山边（美原）	东京都
静冈县	热海、伊东、伊豆长冈、船原、修善寺、土肥	东京都
岐阜县	下吕	名古屋市
京都府	木津	舞鹤市
兵库县	有马、城崎、汤村、浜坂	神户市·尼崎市
鸟取县	岩井、吉冈、三朝、浅津（羽合）	神户市

表 7-1 是以全国学龄儿童疏散联络协议会编《学龄儿童疏散记录Ⅰ》第Ⅲ部"学龄儿童疏散地一览表"为基础，由笔者在疏散地温泉调查总结而成。

来自东京都的学龄儿童疏散人数最多，约有 20 万人。疏散目的地包括东京多摩郡部，和除去神奈川的临近县，以及甲信越北陆、东北地方，共 17 个都县，接收他们的温泉地多达 14 个县的 93 处。其中作为单一温泉地，草津温泉接收的学龄儿童人数最多，有近 4000 人。在温泉乡，鸣子接收的人数最多，达 6000 人以上。紧接着就是汤田中涩温泉乡、浅间（长野县）、热海、伊香保，接受的学龄儿童达 2000 至 3000 人。

神奈川县横滨、川崎、横须贺三大城市的国民学校需进行集体疏散，为了应对这一形势，箱根做好迎接由横滨市疏散而来的 25000 人的准备，确定了去往每处温泉地的人数。汤河原温泉也开始接收横滨市的学龄儿童，接收学龄儿童约 7000 人。

如上所述，表 7-1 列出了接收全国主要都市学龄儿童集体疏散的温泉地。这些温泉地横跨 21 个府县，其中鸣子温泉乡包含 4 个温泉地（鸣子、东鸣子、中山平、川渡），箱根温泉乡包含 10 个温泉地（汤本、宫下、堂岛、底仓、小涌谷、强罗、仙石原、姥子、芦之汤、元箱根），合计达 116 个温泉地。在此之外，还有很多在这些地方有亲属关系的学龄儿童也被疏散到了这些温泉地。在战争的最后一年，有这么多温泉地接收学龄儿童，让这些地方成为可以躲避袭击、保全生命的避难所，这在日本温泉史上是不该被忘记的事实。

3　战后温泉观光和温泉地的发展

温泉地在美军统治下的再出发

战争期间，全国各城市都遭遇了猛烈的空袭。大多数的温泉地都在小城市、乡镇，或者郊外、山间，因为没有军事设施和军需工厂，所以很少遭遇空袭。相对而言较大的温泉城市别府和热海也都从战争灾害中幸免。

战败后的昭和二十年（1945）九月三日，美军将校来到箱根，接收了以宫下温泉的富士屋酒店为首的一系列设施（《箱根温泉史》）。接收的酒店主要作为上级将校的疗养设施，一般士兵也会以疗养为目的去一些离首都圈较近的温泉地，比如箱根。这一时期，遣散在箱根疗养的陆军医院箱根分院患者以及召回集体疏散到此地的学龄儿童两件事也在同时进行。

在热海，美军宪兵队进驻山王酒店，两处温泉酒店都作为"进驻军专用"设施被接收了。另外一些被选中的旅馆是由GHQ（驻日盟军总司令）指定的。热海成为慰藉美军士兵的地方。"战败后，日本政府集结了东京都内的服务人员并发出邀请，在第一批占领军降落于厚木机场的日子开设特殊慰问设施协会（RAA）"（《热海温泉志》），这就是在热海与箱根设立RAA设施的背景。

在旧金山会议上，美日两国签署了《对日和平条约》和《日美安全保障条约》，随着这些条约在昭和二十七年（1952）四月二十八日生效，波茨坦紧急敕令废止法实行，占领体制解除，箱根与热海的这一状况也由此结束。战后的那个时代结束了，温泉地再次把精力转向吸引游客与振兴观光。

昭和二十五年（1950），《别府国际观光温泉文化都市建设法》实行。伊东、热海也面临着相同的局面。同年四月，热海遭遇了将四分之一市区焚烧殆尽的火灾，为了从大火中复兴，《热海国际观光温泉文化都市建设法案》自八月起实行。之后观光协会的成立缘由也与此有关。

昭和二十三年（1948）七月公布温泉法，在此之前，是由地方长官（知事）制定温泉和矿泉的行政监管规则，由警察执行监管。此后将依托国家法律进行管理。此外，作为道府都县的咨询顾问机构，新创了温泉审议会。

经济高度成长期的温泉地

从昭和二十五年（1950）六月起，曾长期被日本殖民的朝鲜半岛经历了为期三年的朝鲜战争，为战争提供特需供给品给战后的日本带来了经济复兴可以说是不争的事实。由此，日本为昭和三十年前后到昭和四十八年石油危机之间的经济高度成长做好了准备。

因为经济形势看好，公司组织的慰问旅游和招待邀请等集体旅行欣欣向荣。两天一晚带晚宴的温泉旅行不断普及，蜜月旅行也如火如荼。温泉旅行由伊豆半岛等首都圈的温泉地向周边扩展，旅行社承包了从交通工具到住宿的全套服务。为了扶植战后和平产业，政府也从制定配套法律和税务优待等方面全力支持观光产业的振兴。昭和二十四年（1949）制定了《国际观光酒店整备法》，政府融资渠道被打开。

温泉地的留宿游客和观光游客不断增长。让我们将目光聚焦于这一时期的三大代表性温泉区域。昭和三十二年（1957）别府市约有252万观光游客，四年后翻了一倍，达580万人次（《别府温泉史》）。昭和三十五年，箱根町有189万留宿游客，观光客总数达950万人次；昭和四十七年有488万留宿游客，观光游客总数达2153万，这是一个顶峰。昭和二十五年小田急电车增加了箱根汤本一站，从新宿出发坐"浪漫特快"[1]只需1小时40分钟。箱根游客人数的激增，其中有很大一部分原因是交通方式的便捷化。各个温泉地不断新建或增建、改建旅馆和酒店。昭和四十二年有227家，可以容纳18134名游客；到了昭和四十八年，旅馆和酒店数量为221家，虽然总数没有增加，但是可以容纳游客的人数增至21621名（《箱根温泉史》）。

在热海市，昭和三十二年（1957）有大约240万留宿游客，

1　日本小田急电铁的全车对号入座收费特急列车。

七年后则超过了500万人。昭和四十二年达到人数顶峰，约597万（《热海温泉志》）。观光游客在昭和三十六年突破1000万人次，是别府的两倍多。昭和三十六年，只看日本观光旅馆联盟的加盟旅馆，容纳人数就有约18000人，从昭和三十二年到三十九年的七年间增加了8100人（《热海市史》）。和箱根一样，在数字的浮动中，旅馆总数没有增加，是通过改造或增建扩大了留宿设施的规模。

让我们通过环境省的温泉使用状况统计来看一下当时全国的温泉状况。在经济高度成长期初期的昭和三十二年（1957），全国有7556座留宿设施，可容纳302041名游客，留宿人数合计40701812人。到了经济高度成长期尾声的昭和四十八年，留宿设施几乎翻倍，达14006家，可容纳人数达939972名。总计留宿人数达121463272人。每个数字都增至原先的三倍之多。

由观光游客人数和留宿游客人数呈现出的温泉观光的兴盛，以及由留宿设施和容纳人数呈现出的温泉地设备及设施的扩张，在整个经济高度成长期不断上扬。这一倾向一直持续至20世纪90年代初期经济泡沫破灭之后。总留宿人数达到最高值是在平成四年（1992），达 143246266 人；留宿设施数量的最高值出现在平成七年，达到 15714 座。从那之后直至今天，一直呈现下降趋势。

扩大挖掘、循环利用、集中管理

支持温泉观光发展的温泉资源依靠不断挖掘来开发。浴池的扩大带来温泉泉水量的保障问题。因为使用浴池的人数庞大，因此也需要相应的卫生管理。将浴池中的温泉过滤、杀菌处理之后再次注入，通过循环过滤的方式维护的浴池逐渐普及。

关于这一时期温泉状况的变化，昭和二十九年（1954）发行的《日本矿泉志》（厚生省大臣官房国立公园部编）上记录下了战后首次收集到的数字"源泉总数约七千处""本国著名温泉（地）一千一百四十八"。从温泉利用状况的统计中，我们得知，昭和三十七年的全国温泉地总数为 1518 所，源泉（泉源、温泉源）总数为 13079 个。自次年即昭和三十八年起，总喷涌量也有了记录，每分钟 930110 升。一般家庭的浴池蓄满水约有两百升。每分钟几万升的喷涌量，这气势可想而知。

这些数字也是持续呈上扬趋势。从昭和四十五年（1970）起，总喷涌量分成两部分，自喷涌量和动力喷涌量，前者包含自然涌出泉和挖掘自喷泉，后者指的是挖掘后通过机器动力引出的泉水。在这个时期，动力喷涌量已经超过挖掘自喷涌量，此后这一差距不断扩大。源泉总数的最高值出现在平成十八年（2006），达28154处。总喷涌量的最高值出现在平成十九年，每分钟达2790048升。动力喷涌量是1977980升，占总数七成，自喷喷涌量不及它的一半，只占了不到三成。

这些数字不仅表明温泉资源依靠挖掘开发维持，同时表明挖掘后必须靠动力引出的泉水远远多于自主涌出的泉水。挖掘自喷泉的泉水量在平成十一年（1999）达到最高值，比总喷涌量最高值的出现早了八年。

在这种形势下，没有温泉的地方和大都市圈中可以当日往返的温泉设施在1980年代之后，也呈现出增长趋势。留宿游客总数在平成四年（1992）达最高值后不断减少，但是可以当日往返的温泉设施以及使用温泉的公共浴场的数量年年增加。因为可以很容易地使用身边的温泉设施，在温泉地的消费随之减少。尤其是竹下内阁时代（1987~1989），挖掘后建成公共温泉设施的自治体加入故乡创生一亿日元事业，这一趋势带来了可当日往返的温泉设施的普及。不过在大型温泉设施中，因过分依靠过滤循环，忽视了浴池清扫和温泉的更新换代，在卫生管理方面有所懈怠，导致军团菌感染事例显著增加。

另一方面，在温泉旅馆及设施较多的温泉地，互相挖掘开发招致源泉互相影响，导致全体水位下降的情况时有发生，这一情况甚至会加剧这种混乱的开发竞争。因此形成恶性循环的例子也十分显著。且由于时间、季节和住宿设施的不同会导致使用量出现差异，为了平衡这其中的源泉供给，以及为了解决上述问题，开始实施对源泉的集中管理。

作为其中一例，下吕温泉值得一提。在经济高度成长期，下吕因为挖掘而导致水位和喷涌量急剧下降。想要把所属各异的各处泉源集中起来管理，在达成一致意见上需要消耗时间。下吕花了15年，终于从昭和四十九年（1974）开始对14处泉源进行集中管理，从而确保了可以充分保证全体泉水量的总喷涌量。

集中管理取得成功需要以下几个条件：泉质和温泉的特点彼此相通，有过财产区之类共同管理的历史，刨除自然涌出泉等自家源泉。到了平成十四年（2002），财产区和温泉合作社等以地方共同团体为主，对源泉进行集中管理的温泉地，在全国范围内达到 118 处（《温泉必带》[第九版]）。

4　游客组成与温泉兴趣的变化

集体及慰问旅行温泉地的退化

昭和四十九年（1974），在可以代表经济高度成长期的热海一地，通过入汤税的统计来看，留宿游客人数最多达 490 万人次。在整个昭和五十至六十年代，始终维持在 460 万至 430 万人次这一浮动范围。平成五年（1993）跌破 400 万人大关下滑至 383 万，平成十四年跌破 300 万人大关下滑至 298 万。

在别府，留宿人数也从 400 万人次起开始持续下滑。平成二十二年（2010），别府市由自主收集统计数据改为采纳观光厅设立的全国性新基准。当年，该人数已降至 232 万人次。

箱根则未见下降趋势，在泡沫破灭之后，留宿人数依旧雄踞首位。以温泉使用状况统计中的总留宿人数为基础，对温泉地（乡）进行统计，日本温泉协会选出了"温泉地留宿人数一百名"（前六位见表7-2）。可以说，各温泉地（乡）的排序变迁很好地反映了泡沫破灭后至今温泉游客的兴趣指向。

表7-2　温泉地留宿人数前六位

排名	平成二年 （1990）	平成六年 （1994）	平成十二年 （2000）	平成十六年 （2004）	平成二十二年 （2010）
第1位	箱根温泉乡	箱根温泉乡	箱根温泉乡	箱根温泉乡	箱根温泉乡
第2位	别府温泉乡	别府温泉乡	别府温泉乡	别府温泉乡	热海
第3位	热海	鬼怒川·川治	热海	热海	别府温泉乡
第4位	鬼怒川·川治	热海	鬼怒川·川治	伊东	伊东
第5位	伊东	伊东	伊东	鬼怒川·川治	草津
第6位	白滨	白滨	白滨	草津	鬼怒川·川治

别府是第二名，位于稳坐首席的箱根温泉乡之后。但是在平成二十二年（2010）采用全国基准后，别府让位于热海。至今为止，第三位不是热海就是鬼怒川·川治温泉，伊东与白滨进入第四、第五席位。在这一过程中，集体慰问旅行曾经常光顾的鬼怒川·川治和白滨出现下滑趋势。就整体而言，经济高度成长期的观光游乐温泉地此时人数减少非常醒目。这一变化亦可见于第六位之后的温泉地。石和·春日居温泉（山梨县）在平成二年接待游客172万人次，平成十二年这一数字下滑至118万人。曾经

是关西地区集体慰问旅行主要目的地的加贺温泉乡和片山津温泉乡在平成二年分别接待游客 158 万、102 万人次。平成二十二年留宿人数大幅下降为 83 万人和 38 万人。

以热海为例，在经济高度成长期的昭和四十六年（1971），观光游客中男性占 66%，公司职员占 68%，集体游客占 55%（《热海温泉志》）。平成二十六年（2014），女性游客人数赶超男性，达 57%，公司职员比率下降至 51%，主妇上升至 21%。集体游客爆减至 7%。与家人同行的占 58%，与友人或熟人同行的占 29%，个人小组客人数呈压倒性态势。带住宿和温泉的推荐旅馆很多、个人小组客人数占据很高比例的伊东温泉一直保持前几位优势。此外，因为大型留宿设施减少，原本不适合团体游客入住的草津温泉上升至第五位，这一情况也说明了温泉游客性质的转变。

温泉趣味的变化

日本温泉协会从昭和三十四年（1959）至平成二十八年（2016），每年都开展"旅行与温泉展"看展游客问卷调查，样本数量达 3000 人。从 9 个项目中挑出自己选择温泉地的理由，可以多选，结果显示：与性别、年龄无关，经济泡沫破灭后"自然环境、温泉氛围、心绪安宁"这三个要素持续占据前排位置。由此可知，丝毫不在意"温泉本身"，只是热衷于热闹的宴席与游乐场所的时代已经一去不复返了。人们倾向于品味与享受温泉地的自然环境、温泉地营造的温泉氛围，呈现出感受温泉自身美好与安宁的这种温泉兴趣。

问卷调查还收集了有关"至今留下最佳印象的温泉地""今后最想去的温泉地"的回答。对于前者"至今留下最佳印象的温泉地"，平成八年（1996）的回答结果是：第一名草津，第二名下吕，第三名登别，第四名箱根，第五名伊东，第六名别府，第七名野泽，第八名白骨（长野县），第九名伊香保，第十名是四万的各大温泉地。平成二十八年的调查结果则显示第一名草津，第二名箱根，第三名下吕，第四名道后，第五名别府，第六名乳头温泉乡（秋田县），第七名热海，第八名伊香保和登别，第十名有马。

关于后者"今后最想去的温泉地"，平成八年（1996）时的回答是第一名下吕，第二名登别，第三名别府，第四名草津，第五名白骨，第六名由布院（大分县），第七名水上温泉乡（群马

县），第八名伊香保，第九名乳头温泉乡，第十名道后。到了平
成二十八年第一名变成了草津，第二名是道后，第三名下吕，第
四名别府，第五名是有马和乳头温泉乡，第七名是八幡温泉乡
（秋田县）、伊香保、黑川温泉之类的南小国温泉乡（熊本县），
第十名是箱根。

这些自身的好处在经济高度成长期与泡沫破灭期没有受到
重视，但有着优良名汤或有秘汤称号的温泉地如今登上了高位。
近年来，这一趋势逐渐显著，人气温泉地的地位逐渐巩固。问卷
调查中的第一名草津温泉在留宿人数上的排名也上升至第五位，
在自然环境、温泉氛围、温泉自身这三大方面，草津温泉的表现
都很出众。在如今这个靠挖掘与动力引出泉水的时代，草津温泉
自然涌泉的丰沛喷涌量直接代替了这些人为工作，其泉质还是具
日本特色的优质强酸性泉。汤畑[1]的景观也吸引了很多游人，可
以说是能满足当下人们温泉趣味的一大象征性温泉地。

因为从首都地区到箱根交通便捷，所以箱根的留宿人数常

1　以田地比喻温泉的源头，有木框引流，可以调节水温、采集温泉结晶。草津温泉的汤畑已成
　　为一独特景观，位于草津温泉街中心地区，每分钟约有4000公升温泉喷涌而出，由此流至附
　　近旅馆和浴池中。

年占据第一，也可以说是一大象征性温泉地了。

平成十六年（2004）出现了温泉造假问题[1]，这一事件让人们对于浴槽的实际状况和信息公开情况产生怀疑，从而又推动了浴客重视温泉自身的温泉趣味。温泉地也开始重视秘汤、泉源的质量，泉质、汤色，以及温泉的引流都成为关注的焦点。在全社会高度关注的情况下，环境省在中央环境审议会上设置了温泉小委员会。平成十七年修订了温泉法的实施规则，温泉从业人员有义务将加水、加温、循环过滤、添加入浴剂以及消毒等行为进行公示，告知理由。这是向温泉客人公开信息的第一步。

平成十九年（2007）六月，因为引入的温泉中含有天然气，在东京涩谷的温泉设施发生爆炸伤亡事故。受此影响，在第二年的温泉法修订中增加了一条目的："为了防止引入温泉时混杂可燃性天然气而导致灾害。"这些是与温泉供应及使用相关的问题。因为在泉源地及温泉，聚集于浴室与洼地的硫化氢气体会导致死亡事故，因此处理方案很重要。事件和事故的发生促进了温泉相关行政方针的修订，这一形势还会持续。

1　包含使用入浴剂、用自来水冒充温泉、过多添加自来水、不合理开发等问题。

终章　日本温泉将走向何处

温泉开发的界限

我们距离温泉是天赐恩惠的年代已经很远了。挖掘开发虽然为温泉使用量的增加做出了贡献，但同时导致了自喷泉的减少以及水位和喷涌量的下降。城市里的酒店、公寓开始增设温泉项目，1000 米以上的深度挖掘泉不断增加。平成十五年（2003）之后，深度挖掘占初次获得挖掘许可的温泉 50% 以上。每增加1000 米深度会伴随地温上升 2 摄氏度至 3 摄氏度，所以深度挖掘的增加可能也是为了可以满足温泉泉温必须达到 25 摄氏度以上这一条件。如今，无论在成分、个性，还是特色方面，温泉都乏善可陈。

当前，温泉必须以 10 年为周期接受温泉成分分析，并公布分析结果。但是，如果分析发现泉温不满 25 摄氏度，或是放射性泉水中氡的含量在规定值以下，就会导致因结果不达标而更依赖再次挖掘的事情发生。

温泉水基本上起源于天空降水（雨雪）。汲取的温泉量必须控制在规定好的温泉赋存量之内，而这个量是根据地下带水层和集水区域的年度降水量计算出的。关东平原南部这些原本没有温泉的地方，也通过深度挖掘，从地下带水层抽取化石海水[1]型氯化钠温泉。这种温泉因为喷涌量充足，通过引流设施可以造福很多客人，很受欢迎。但是持续汲取总会导致喷涌量下降，会有尽头。

就单个的温泉旅舍、设施来说，可以使用的温泉量是有上限的。只要想在大浴场里增设露天浴池，增设自带浴池的房间、包租式浴池和浴槽设备，就需要增加循环温泉和水量。现实情况就是无法以纯粹的温泉去满足追求温泉质量及特色的客人的需求。为此，就算只能做一个小小的，也应该男女分别设置一个以上的源泉浴槽，来体现温泉本身的风貌，此外再在大浴场及可以用来眺望风景的露天浴槽设置循环过滤设备来确保卫生。这样区分会是比较理想的一种解决方式。

温泉是有限的资源，不是说只要挖就会有。明治之后的挖

---

1 指地层缝隙间停留年代久远的海水。

掘开发通过深度挖掘使得大城市都成了温泉区，为此，在温泉运营管理方面，温泉资源的枯竭与保护也早已成为一大课题。

在温泉资源保护对策上，温泉从业者如果是在自家的旅舍及设施内拥有源泉，也需要监测并收集日常温泉量、水位、泉温等数据。如果没有数据的收集及佐证，就很难从科学层面来论证周边温泉的挖掘及其他影响会不会导致温泉资源的变化。这与核泄漏事故之后再度受到欢迎的地热发电问题也有着密切关系。

日本的地热资源量继美国、印度尼西亚之后，居世界第三位。地热资源中能量资源的潜力不容小觑，合计有 1420 万千瓦，但其中也包括已经被温泉使用的热能。如果要让丰富的地热资源在地热发电等新型利用方式上发挥作用，考虑到温泉使用已有近两千年历史，每个地方都需要把握好地热发电等项目的必要性及价值与其对温泉产生的影响之间的平衡。

灵活的共有资源管理运营 (Commons Governance)

顾及以上这些，在考虑大范围温泉资源的保护以及有限资源的可持续利用时，Commons Governance（共有资源管理运营）

操作方式就成为其参照之一。

从古代起，地下水、涌泉，以及成为入会地[1]的山林及牧草地、渔场等都被认为是共有资源，这一点应该是世界公认的。原本就不属于任何个人的温泉也算共有资源。在历史悠久的温泉地，居民们会共同管理和运营温泉资源及入浴设施，是一种高效的管理方式。如此一来，可以防止在归属个人的情况下经常会出现的资源滥用及胡乱开发。根据地域居民共有的经验，长期监控资源状况，保证在可持续范围内对资源进行采取及利用。

直至今日，温泉资源这种共同管理方式也还在传承。野泽温泉是拥有总汤历史的温泉之一，如前述，野泽温泉在有温泉喷涌的地区创办了一个自治组织"野泽组"，在组织条约上写明"组资产归组内成员全体所有"。与地下水及山林一样，温泉及共同浴池（汤壶）被当作共同资产，共同保护，共同管理。平成十二年（2000）地缘团体野泽会成立。这与汤田中涩温泉乡设立的财团法人和合会及共益会的目的相同，会员得以充分发挥经

1　指村庄、部落等村落共同体共有的土地。

验，做出实绩。

就这样，温泉地在各自不同历史的基础之上，为了适应近代的个人所有制社会，组织设立了各自的团体，由这些团体发挥才智共同管理运营作为共有资产的温泉资源和温泉设施。从这个观点来说，地热资源也不应该委托给地区以外的大企业进行大规模发电开发，说到底还是应该扎根本地，以地区自身为主体来考虑才是正道。

这样一来，就可以对包含温泉在内的地热能量是否得以均衡分配，以及该分配对温泉造成何种影响进行持续观察。另外，开发成果本来也是要反馈给地方、服务于地方的，地产地销、地区自给应该是一个合适的方式。

对温泉地价值的新评价

与温泉地和设施相比，对温泉地这一整体场地，游客并没有显示出多关心。但是无论是温泉地的历史还是多样的温泉文化，都在温泉地得到了积累。温泉的魅力与价值，缺少了温泉资源本身以及温泉地这两个原点，是无从谈起的。

据观光厅的"访日外国人消费动向调查统计表（2017 年 7~9

月）"收集到的多选题回答显示，"访日前的期待"一栏中"泡温泉"居于第五位（24.4%），在"这次的观光项目"中排第六位（32.6%），在"下次的观光项目"中排第四位（40.0%）。此外，考虑到占据最高位的是"吃日本料理"，以及居高不下的"观光游览自然景观名胜"和"旅馆住宿"，可以包含以上所有在内的温泉地观光资源必然拥有很高的价值。

温泉地会与所在的国家、地区和历史文化相匹配，形成独特的风韵和有个性的景观，吸引到访者。选择温泉地时最应当重视的是自然环境、温泉氛围、温泉自身这三项，可以通过视觉综合感知这三项的就是温泉地景观了。

在日本的温泉地，木结构旅馆、浴舍、共同浴场、纪念品商店鳞次栉比，为温泉街烘托出一种独特的温泉氛围。留宿、散步于温泉地，都可以体味到一种非日常的解放感。草津、箱根、银山（山形县）、汤田中涩温泉乡、汤河原、修善寺、城崎等地的典型木结构多层旅馆，还有野泽温泉大汤、道后温泉本馆、武雄温泉浴场、别府竹瓦温泉等传统的共同浴场建筑，都是如今只存留于温泉地的珍贵的温泉建筑物群。另外，岛根县温泉津温泉的温泉街本身就被认定为重要的传统建筑物群保护地区，其特色是至今尚存的用石州瓦葺成的海鼠墙[1]。

形成温泉地景观、氛围的多种要素皆来自日本的温泉史。温泉的住宿以及传统型共同浴场的浴槽多用自然素材，可以与不同泉质、汤色的源泉进行调和，就像通过料理和器皿的组合来充分发挥食材特有的味道一样，以这种方式向人们传递温泉文化的深意。日本的温泉住宿大多数是不能食宿分离的，这一点值得留作今后探讨的课题，但是由这些旅舍提供的以和食为主体的食文化，的确让温泉地的住宿与逗留魅力加倍了。

作为观光资源以及雇用劳动力的场所，温泉地不仅在地区食材及产业消费上做出了经济层面的贡献，还为维护国民健康发挥了重要价值。可以说传达历史文化的温泉地确实是珍贵的遗产（Heritage）。与前面列举的温泉地一起，环境省根据特定条件指定的国民保养温泉地，也因为丰富的温泉资源及其合理的利用形式，在环境保护方面具备成为招牌的资格。

今后，在国际上宣传"温泉（Onsen）"的时候，应该重新对日本温泉地多样化的资产价值进行评价，从而更好地发挥它的价值。

1　日本传统的糊墙纹样，墙面上贴瓦片呈菱形。因瓦片接缝处上的漆形似海鼠而得名。

后　记

　　如果知道温泉的历史，就会想到一个很实际的问题，那就是混浴。尤其是在日本东部地区，在灌注着新鲜温泉水的露天温泉中，混浴不在少数。喜欢温泉的女性如果裹着干净的浴巾进入浴池，就会有上了年纪的男性对她们说"在日本裸身入浴是传统"，这种局面往往很尴尬，难以收拾。但是就像本书中所述，历史上穿着入浴服进入浴池才是标准做法。在以草津为首的很多温泉约定俗成的习惯里，不穿上干净的兜裆布就入浴的人会被骂。

　　江户的澡堂无视混浴禁止令，有很大一部分原因是为了赚钱，今日的混浴浴池应该也是这个考虑。裸身入浴并不是传统。日本东西部地区间的历史文化有差异，调查这一背景也是今后的课题。

　　因为中公新书编辑部并木光晴先生的提携，才有了这本书。并木先生看了我在 NHK 节目上讲述的"温泉文化的原点"以及拙著《温泉的和平与战争》（彩流社）后，提议由我写一部温泉的历史。这也是我期盼已久的愿望，于是愉快地接受了约稿。值此出版之际，郑重地向并木先生表示感谢。

在看温泉历史的时候，关注初始时源泉浴池是什么样子以及此后浴池的不断变迁是十分重要的。温泉从室外转向室内的变化在日本尤为显著，在欧洲还是以室外温泉为主。这里还包含着温泉资源从属性的问题。

至今，在许多温泉地依然可以看到温泉信仰的见证。从战国时代的"隐蔽温泉"到对温泉地的禁制，再到军队设置的温泉疗养所、疏散至温泉地的学童大潮，温泉与温泉地在历史上的各个时期，都有其真正价值与存在意义。读者诸君若能通过本书对以上方面有新的认识，那就是作者的万幸了。

石川理夫

2018 年 5 月

主要参考文献

（不包括本书中已标明的文献史料）

第一章

- 甘露寺泰雄「動物の発見伝説にかかわる温泉の泉質」（『温泉地域研究』第一八号、日本温泉地域学会、二〇一二年）

- 石原道博編訳『新訂魏志倭人伝・後漢書倭伝・宋書倭国伝・隋書倭国伝』（岩波文庫、一九八五年）

- 松岡静雄『日本古語大辞典　語誌』（刀江書院、一九二九年）

- 武光誠『蘇我氏の古代史』（平凡社新書、二〇〇八年）

- 雑賀貞次郎編『白浜・湯崎温泉叢書』全三冊（紀南の温泉社、一九三四年）

- 松山市文化財報告書『道後湯月町遺跡・道後湯之町遺跡』（松山市教育委員会・埋蔵文化財センター、二〇〇八年）

- 『新編日本古典文学全集5 風土記』（小学館、一九九七年）

- 于航「中国の温泉文化について」（『温泉地域研究』第六号、日本温泉地域学会、二〇〇六年）

- 『静岡県史』資料編4・古代（静岡県、一九八九年）

- 正倉院文書データベース作成委員会「正倉院文書データベース」

第二章

- 国際日本文化研究センター「和歌データベース」
- 勢州一志郡榊原湯元『温泉来由記』（江戸時代）
- 小山靖憲『熊野古道』（岩波新書、二〇〇〇年）
- 五来重『遊行と巡礼』（角川書店、一九八九年）
- 園孝治郎編『雲仙丘と島原半島』（雲仙社、一九二六年）
- 『磐城湯本温泉記』（湯本温泉組合事務所、一九〇一年）
- 『熱海市史』上巻（熱海市、一九六七年）
- 熱海温泉誌作成実行委員会編『熱海温泉誌』（熱海市、二〇一七年）
- 中国古典籍データベース『諸子百家　中国哲学書電子化計畫』
- 簡野道明『増補　字源』（角川書店、一九二三年）
- 『紀伊続風土記』（仁井田好古他編纂、一八三九年）

第三章

- 岩崎宗純『箱根七湯──歴史とその文化』（有隣新書、一九七九年）
- 岩崎宗純『中世の箱根山』（神奈川新聞社、一九九八年）
- 『箱根温泉史』（箱根温泉旅館協同組合、一九八六年）

- 箱根湯本旅館組合編『箱根湯本・塔之沢温泉の歴史と文化』（二〇〇〇年）
- 箱根神社社務所編『箱根神社大系』上巻「箱根山縁起并序」（箱根神社、一九三〇年）
- 『箱根山中　村むらの仏たち』（箱根町郷土資料館、二〇〇七年）
- 草津町誌編さん委員会編『草津温泉誌　第壱巻』（草津町、一九七六年）
- 湯本平内『草津温泉誌』（一八八八年）
- 尭恵『北国紀行』（佐賀県祐徳稲荷神社〔中川文庫〕蔵、国文学研究資料館）
- 大場修『風呂のはなし』（鹿島出版会、一九八六年）
- 『豊後速見郡史　全』（速見郡教育会、一九二五年）
- 『別府温泉史』（別府史観光協会、一九六三年）
- 櫻井陽子「有馬温泉（湯山）と定家」（『明月記研究』一〇号、明月記研究会、二〇〇五年）

第四章

- 『加賀市史通史　上巻』（加賀市、一九七八年）
- 『山中町史』（山中町史刊行会、一九五九年）
- 『石川県史　第二編』（石川県、一九二八年）

- 井上鋭夫『一向一揆の研究』(吉川弘文館、一九六八年)

- 北国新聞社編『真宗の風景』(同朋社、一九九〇年)

- 西島明正『芭蕉と山中温泉』(北国新聞社、一九八九年)

- 『野沢温泉薬師堂縁起』(野沢組惣代、一九九二年)

- 『山ノ内町誌』(山ノ内町、一九七三年)

- 財団法人和合会編『和合会の歴史』(和合会、一九九一〜
  一九九三年)

- 『甲府市史　通史編第二巻』(甲府市、一九九二年)

- 文摠、弄花『七湯のしをり』(一八一一年)

- 峰岸純夫『中世　災害・戦乱の社会史』(吉川弘文館、
  二〇〇一年)

- 風早徇、有馬温泉史料刊行委員会編『有馬温泉史料』上・下巻
  (名著出版、一九八一・一九八八年)

- 田中芳男『有馬温泉誌』(松岡儀兵衛、一八九四年)

- 小沢清躬『有馬温泉史話』(五典書院、一九三八年)

- 須藤宏「有馬温泉一湯・二湯と新湯」(『温泉の文化誌　論集
  温泉学 1』、岩田書院、二〇〇七年)

- 沼義昭「温泉之行者薬師如来」(『立正大学人文科学研究所年
  報』二四号、一九八六年)

- 西尾正仁『薬師信仰: 護国の仏から温泉の仏へ』(岩田書院、

二〇〇〇年)

- 武田勝蔵『風呂と湯の話』(塙書房、一九六七年)

第五章

- 北条浩『温泉の法社会学』(御茶の水書房、二〇〇〇年)

- 山村順次『新版　日本の温泉地』(日本温泉協会、一九九八年)

- 山村順次『温泉地研究論文集』(千葉大学、二〇〇五年)

- 秋萍居士輯『伊香保志』(一八八二年)

- 高山村誌編纂室編『山田温泉誌』(山田温泉観光協会、二〇〇七年)

- 『湯田中のあゆみ』(湯田中のあゆみ刊行会、一九九四年)

- 『下大湯由来記』(下大湯、一九九三年)

- 『因伯叢書』(復刻版、一九一四年)

- 『岩美町誌』(岩美町教育委員会、一九六八年)

- 吉岡温泉史編集委員会編『資料にみる吉岡の「泉」』(一九九八
  年)　鳥取市「高町編纂委員」編『新修「高町誌』(二〇〇六年)

- 『作陽誌』第一巻(『西作誌』上巻)(作陽古書刊行会、
  一九一三年)

- 『奥津町史』通史編・上巻(二〇〇五年)

- 『大鰐町史』上巻・中巻(大鰐町、一九九一・一九九五年)

- 間宮栄好『箱根七湯志』(一八六一年)

- 藤浪剛一『温泉知識』(丸善、一九三八年)

- 西川義方『温泉と健康』（南山堂書店、一九三二年）
- 小笠原真澄、小笠原春夫編著『訓解　温泉（一本堂薬選続編）』（文化書房博文社、一九九五年）
- 『日本庶民生活史料集成』第三巻（三一書房、一九六九年）
- 内田武志、宮本常一編『菅江真澄全集』（未来社、一九七一～一九八一年）
- 『菅江真澄遊覧記』（平凡社東洋文庫、一九六五～一九六八年）
- 松田毅一、E・ヨリッセン『フロイスの日本覚書』（中公新書、一九八三年）
- フロイス「日欧文化比較記録」（『ヨーロッパ文化と日本文化』、岩波文庫、一九九一年）
- フランソワ・カロン『日本大王国志』（東洋文庫、一九六七年）
- アーノルダス・モンタヌス編著『日本誌』（丙午出版社、一九二五年）
- エンゲルベルト・ケンペル『江戸参府旅行日記』（東洋文庫、一九七七年）
- フィリップ・ジーボルト『江戸参府紀行』（東洋文庫、一九六七年）
- 大沢真澄「本邦における温泉水化学分析の展開―シーボルト、ビュルガーから宇田川榕菴への流れ―」（『洋学史学会年会報

告』、二〇一〇年）

- ヴィットリオ・アルミニョン『イタリア使節の幕末見聞記』
  （講談社学術文庫、二〇〇〇年）
- ヒュー・コータッツィ『維新の港の英人たち』（中央公論社、
  一九八八年）

第六章

- 大西郷全集刊行会編『大西郷全集』（平凡社、一九二七年）
- 香春建一『西郷臨末記』（尾鈴山書房、一九七〇年）
- 五代夏夫編『西郷隆盛のすべて』（新人物往来社、
  一九八五年）
- 『熱海市史』下巻（熱海市、一九六八年）
- 『川島武宜著作集』第九巻（岩波書店、一九八六年）
- 服部安藏「温泉分析変遷史」（『分析化学』六巻八号、日本分
  析化学会、一九五七年）
- 須長泰一「ヴィダルの箱根温泉郷・熱海温泉紀行…フランス人
  医師による明治五年の温泉調査」（『温泉』通巻七七〇・七七一
  号、日本温泉協会、二〇〇三年）
- エルウィン・ベルツ著『ベルツの日記』（岩波文庫、
  一九七九年）
- 『箱根温泉供給史』（箱根温泉供給株式会社、一九八二年）

- 箱根町郷土資料館編『明治の模範村―箱根権現領元箱根村の歴史―』（箱根町、一九九五年）
- 関戸明子著『近代ツーリズムと温泉』（ナカニシヤ出版、二〇〇七年）

第七章

- 高橋栄吉『石川県に於ける温泉の研究』（名古屋控訴院、一九三三年）
- 山田明「明治期陸軍転地療養と湯河原・箱根・熱海」（『日本福祉教育専門学校研究紀要』第一五巻第一号、日本福祉教育専門学校、二〇〇七年）
- 高柳友彦「近現代日本における資源管理―温泉資源の利用秩序を事例に―」（東京大学博士論文、二〇〇九年）
- 陸軍衛生事蹟編纂委員会編『明治二十七八年役陸軍衛生事蹟』第三巻「伝染病及脚気　下」
- 東京陸軍予備病院編『東京陸軍予備病院衛生業務報告』後編（一八九八年）
- 全国疎開学童連絡協議会編『学童疎開の記録Ⅰ　学童疎開の研究』（大空社、一九九四年）
- 石川理夫著『温泉の平和と戦争』（彩流社、二〇一五年）

图书在版编目（CIP）数据

泡汤：温泉与日本的一千年 /（日）石川理夫著；
晓瑶译. -- 北京：社会科学文献出版社，2020.8
（樱花书馆）
ISBN 978-7-5201-6023-0

Ⅰ.①泡…　Ⅱ.①石…②晓…　Ⅲ.①温泉-文化史
-日本　Ⅳ.①K313.03

中国版本图书馆CIP数据核字（2020）第014574号

· 樱花书馆 ·

泡汤：温泉与日本的一千年

著　　者 / 〔日〕石川理夫
译　　者 / 晓　瑶

出 版 人 / 谢寿光
责任编辑 / 杨　轩　胡圣楠

出　　版 / 社会科学文献出版社·北京社科智库电子音像出版社（010）59367069
　　　　　　地址：北京市北三环中路甲29号院华龙大厦　邮编：100029
　　　　　　网址：www.ssap.com.cn
发　　行 / 市场营销中心（010）59367081　59367083
印　　装 / 三河市东方印刷有限公司

规　　格 / 开　本：880mm×1230mm 1/32
　　　　　　印　张：10.5　插　页：0.25　字　数：169千字
版　　次 / 2020年8月第1版　2020年8月第1次印刷
书　　号 / ISBN 978-7-5201-6023-0
著作权合同
登 记 号 / 图字01-2019-3672号
审 图 号 / GS（2020）1899号
定　　价 / 69.00元